SABER DIBUJAR
CARICATURAS

SABER DIBUJAR
CARICATURAS

PETER GRAY

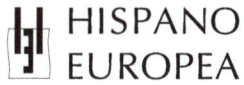 HISPANO
EUROPEA

Título de la edición original:
The Practical Guide to Drawing Caricatures

© Arcturus Publishing Limited/Barrington Barber
26/27 Bickels Yard, 151–153 Bermondsey Street, London SE1 3HA

© de la edición en castellano:
Editorial Hispano Europea, S. A.

E-mail: hispanoeuropea@hispanoeuropea.com

© de la traducción: Esther Gil

Depósito Legal: B. 15.637-2013

ISBN: 978-84-255-2073-0

Segunda edición

Consulte nuestra web:
www.hispanoeuropea.com

Impreso en España

ÍNDICE

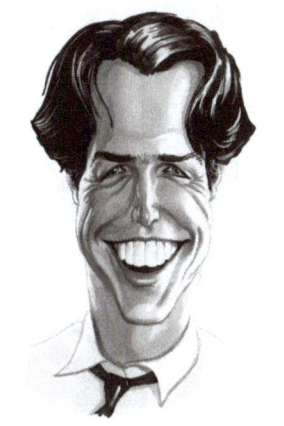

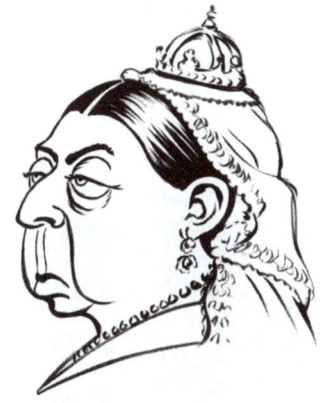

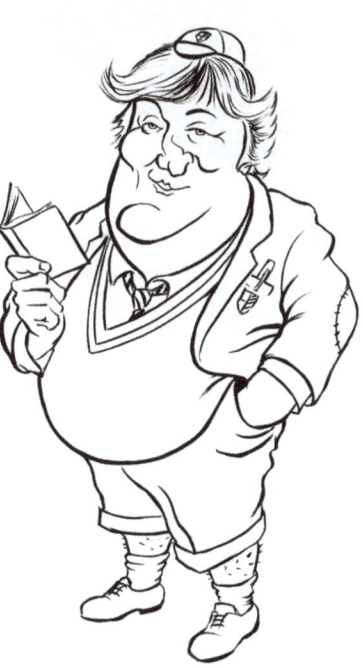

INTRODUCCIÓN

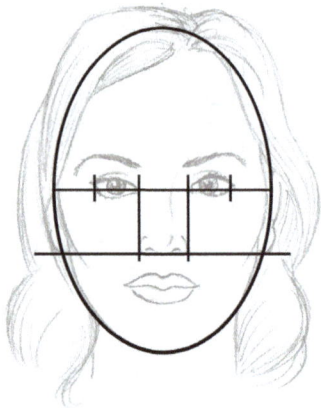

Aprende unas reglas sencillas que rigen la construcción de la cabeza.

Entre los retos que plantea el arte, diseñar caricaturas originales es uno de los más gratificantes, además de ser una de las formas de arte más accesibles. Incluso quienes no tienen ningún conocimiento ni interés en arte pueden apreciar el ridículo al que somete al personaje una caricatura o un retrato imaginativo de un famoso. Con diseños que van desde el minimalismo extremo hasta la exageración grotesca, el caricaturista fusiona el lenguaje del cómic con la observación minuciosa y la visión personal del sujeto. Lo más importante es que permitan al espectador ver la similitud con el original.

La caricatura tiene que ver con manipular la realidad, pero antes de saltarse las reglas hay que conocerlas. Las demostraciones paso a paso de este libro te enseñarán los principios básicos de similitud del dibujo a la vez que gradualmente iremos presentando técnicas para distorsionarlos. Diseñado a modo de curso, cada nuevo tema se basará en lo tratado previamente. Si se trabaja desde el principio, incluso un principiante podrá pronto ser capaz de producir gratificantes caricaturas. Al seguir los ejercicios, hay que intentar resistirse a la tentación de limitarse a copiar los ejemplos e intentar aplicar las mismas fases a caras diferentes para crear nuevas caricaturas.

El libro tiene la intención de cubrir una amplia gama de enfoques y tratamientos estilísticos. También buscaremos integrar las cualidades de los animales y los objetos en los personajes humanos e incluiremos una sección sobre cómo hacer caricaturas de todo el cuerpo, lo que nos proporciona mayores posibilidades de trasmitir la personalidad, la expresión, el humor y más ideas.

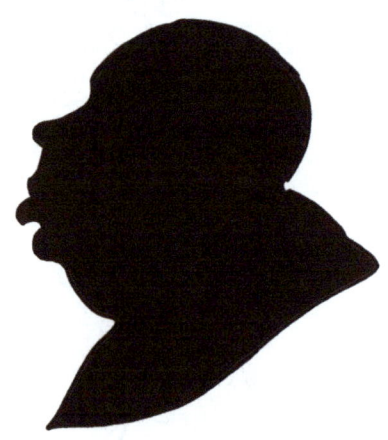

Los perfiles y siluetas ofrecen unos ángulos sencillos para elaborar rápidas caricaturas.

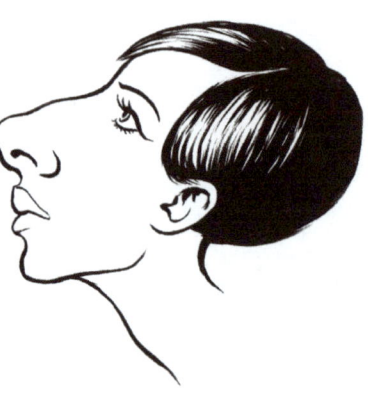

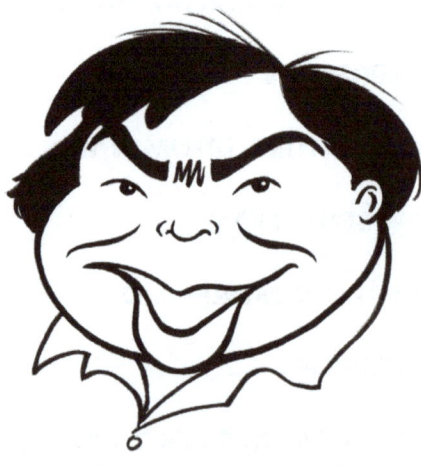

Esfuérzate por conseguir la sencillez y la economía de rasgos a la vez que guardas el parecido con el original.

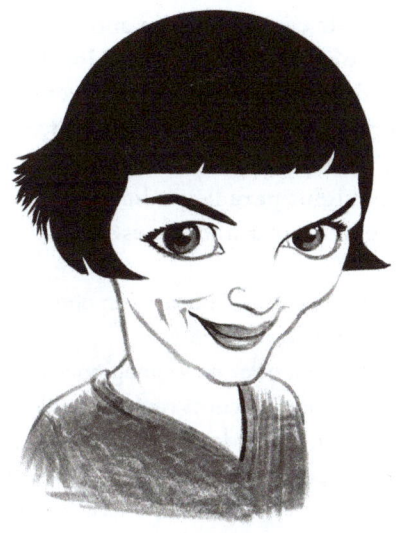

Capta las expresiones particulares que revelan la personalidad del modelo.

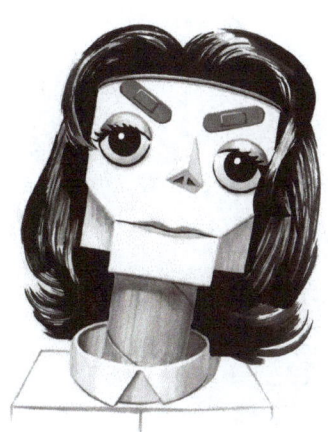

Apórtales a las personas cualidades inhumanas para darles un toque de humor y para que sean más impactantes.

Sin duda será un trabajo arduo en algunos momentos y, en algunos casos, habrá que hacer pruebas y pruebas antes de lograr cierta similitud. No obstante, otros modelos resultarán más fáciles de dibujar y, cuanto más desarrolles tu visión crítica, menos fallos encontrarás.

No te dejes amedrantar por el trabajo de los caricaturistas profesionales. Verás que no son tan difíciles de emular en cuanto conozcas algunos truquillos. Juntos, investigaremos los distintos materiales y técnicas que puedes utilizar y te irás animando a dibujar con mayor seguridad y placer, forjando tu propio estilo de caricaturas.

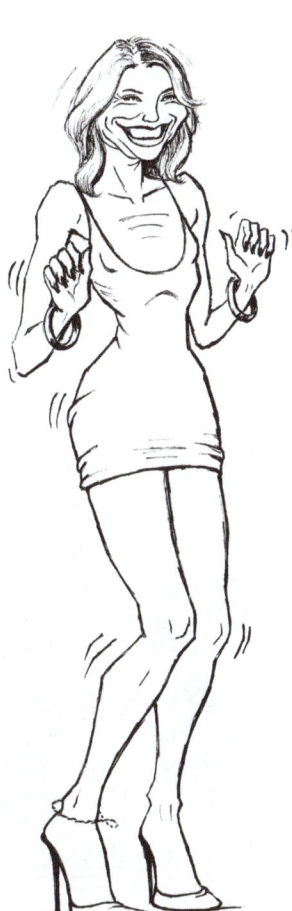

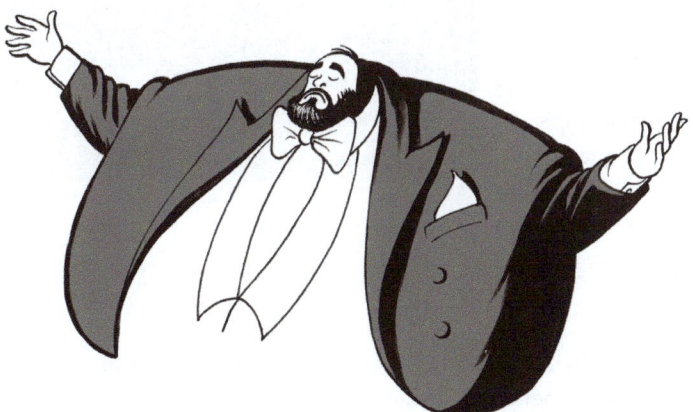

Con caricaturas de todo el cuerpo puedes ampliar tus posibilidades de expresión.

¿QUÉ ES UNA CARICATURA?

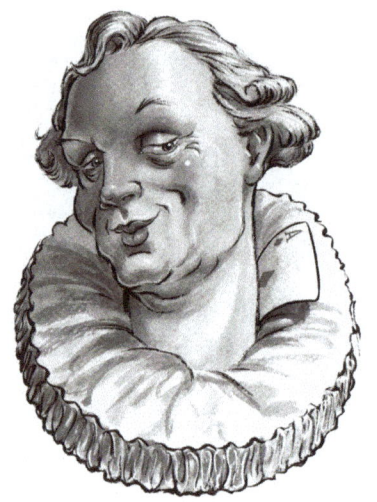

Antes de entrar de lleno en el dibujo de caricaturas, veamos qué quiere decir el término. Puede resultar obvio: dibujos divertidos de caras famosas. Bueno, no es una mala definición, pero sin duda es mucho más amplia. La caricatura como disciplina moderna incluye algunas áreas distintivas del diseño y excluye otras. Como concepto tenemos que echar la vista atrás varios siglos para llegar hasta los grandes maestros de la pintura y poder empezar nuestro estudio.

No hay por qué afirmar que una caricatura tiene que basarse en una persona famosa ni en una persona real. Los primeros estudios caricaturescos eran ejercicios y experimentos centrados en la imaginación, si bien muchos tenían su origen en al observación de caras reales. Desde entonces los dibujos de personas distorsionadas han sido una constante en bellas artes y en ilustración sin intención de representar a personas reales ni realizar sátiras de personas concretas.

Imitación

La presencia de una cara famosa en un contexto ilustrativo no significa que automáticamente se trate de una caricatura. Al dibujar a Gordon Brown como si fuese una obra maestra pintada por Holbein lo que hice fue manipular la realidad, pero su cara la dibujé de forma naturalista. Por lo tanto, puede considerarse una imitación, una copia de un estilo más que una caricatura.

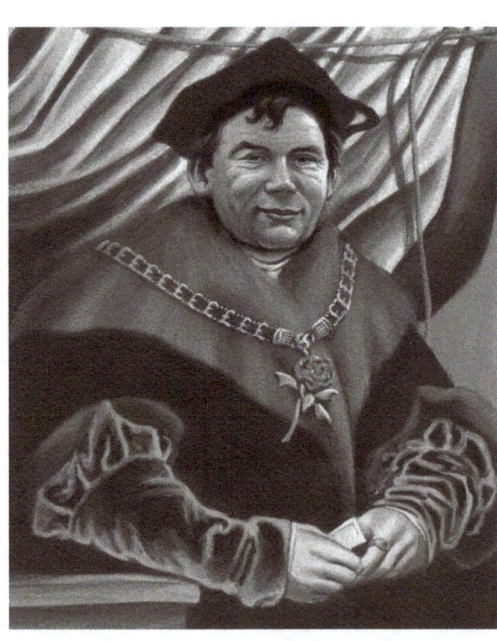

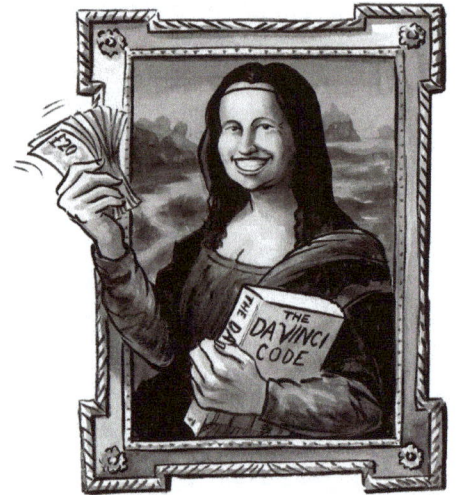

Parodia

Aunque la risotada altera la imagen familiar que tenemos de la *Mona Lisa*, las proporciones generales y el tratamiento de la cara siguen siendo bastante fieles al original. En este caso se trata más de una parodia que de una caricatura, es decir una distorsión humorística de una imagen o un estilo familiar.

Aquí tenemos unos dibujos de Rembrant que nos demuestran la amplia gama de caricaturas moder nas.

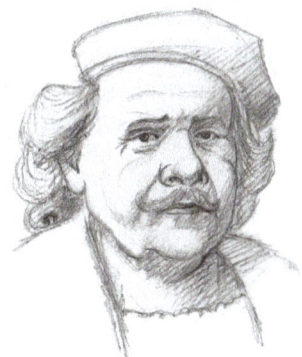

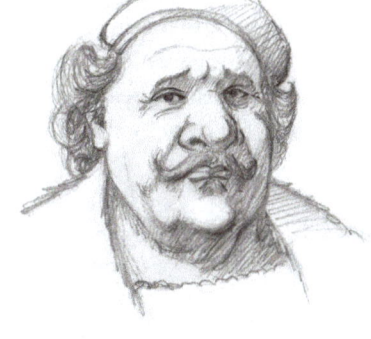

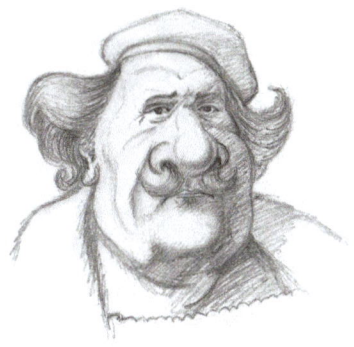

Naturalista

Las proporciones están dibujadas de forma natural a partir de uno de sus muchos autoretratos. No puede hablarse de caricatura. Quizás Rembrant era vanidoso y representó una imagen idealizada de si mismo, aunque, si observamos bien el dibujo, resulta difícil imaginar que se retratase en la mejor de sus versiones.

Enfático

En esta caricatura cada uno de los rasgos se ha agrandado o empequeñecido en cierta medida, pero aún así sigue siendo un dibujo bastante equilibrado y afectivo. Sin referencia al primer dibujo podría interpretarse como una representación naturalista. En manos habilidosas, enfatizar unos rasgos prominentes concretos puede hacer que una cara resulte muy acertada. La caricatura ha sido descrita como «retrato con más volumen».

Grotesco

En el dibujo anterior se enfatizaron algunos rasgos pero en éste las proporciones se exageran más allá del estilo naturalista y el efecto es grotesco y desfavorecedor. Este tipo de caricatura requiere modificar la cara por completo. Puede que acabe siendo muy distorsionado pero muchos caricaturistas diseñan dibujos totalmente fuera de escala por comparación.

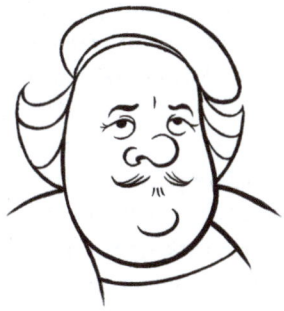

Simplificado

Dejar las caras en su mínima expresión requiere que se rediseñen de un modo gráfico. Los resultados pueden parecer fáciles y rápidos pero detrás puede haber un gran trabajo para mantener el parecido. Tal y como dijo el gran caricaturista Al Hirschfield «Cuando tengo prisa hago un dibujo complicado. Cuando tengo tiempo hago uno sencillo».

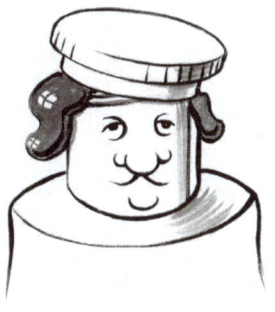

Antropomórfico

Como estamos tan familiarizados gracias a los dibujos animados a teteras que hablan y osos que caminan erguidos, no nos resulta muy difícil aceptar este tubo de pintura como una caricatura de Rembrant. Los caricaturistas suelen dibujar sus personajes con los rasgos de animales u objetos para levantar carcajadas.

MATERIAL Y HERRAMIENTAS

Uno de los aspectos más maravillosos de la pintura es que se necesitan muy pocos materiales para empezar. Los principiantes suelen cometer el error de comprarse todo tipo de materiales muy caros, pero no conseguirán que ello mejore sus habilidades sino que lo único que lograrán es dispersar su atención del proceso de aprendizaje. Para empezar, sólo necesitarás unos lápices, un sacapuntas, un papel y una goma de borrar.

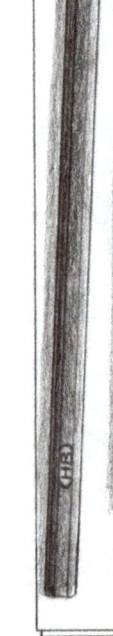

Lápices

Aunque cualquier lápiz servirá para dominar las técnicas básicas vale la pena hacerse con unos cuantos lápices decentes para pintar. Están graduados desde H (duro) a B (negro) con una serie de números de prefijos que indican el grado de dureza o negrura. Para empezar, bastaría con comprar un H, HB y 2B.

Los lápices se redondean en exceso con frecuencia, sobre todo los blandos como los 2B, así que conviene sacarles punta a menudo. También se puede utilizar un porta minas, por ejemplo uno de 0,5 mm, que produce una línea constante sin necesidad de afilarlo.

Goma

Es una parte esencial del kit. No hay nada de malo en borrar los errores y los bocetos preliminares, ya que constituyen una parte importante del proceso de dibujo. Hay docenas de variedades en el mercado, pero básicamente todas hacen lo mismo.

Papel

Para un principiante, utilizar papel caro sólo consigue inhibir la libertad de cometer errores. Para este libro hice la mayoría de los bocetos en papel que ya había utilizado por una cara o en pequeños blocs de dibujo. También vale la pena utilizar papel fino que permita calcar, algo importante en los primeros experimentos con las caricaturas. El papel de calcar o el papel de cocina también pueden servir para la misma función.

UN TRUCO ÚTIL

Los sacapuntas van bien para crear una punta afilada y uniforme pero si se utiliza un cuchillo afilado se podrá crear una punta más larga, que es más apropiada para las técnicas de sombreado y para los lápices blandos que enseguida se redondean de nuevo. Mantén la cuchilla formando un ángulo agudo con el lápiz y siempre saca punta hacia fuera de tu cuerpo. El cuchillo también puede ser útil para afilar las puntas ya redondeadas de una goma y borrar con mayor precisión.

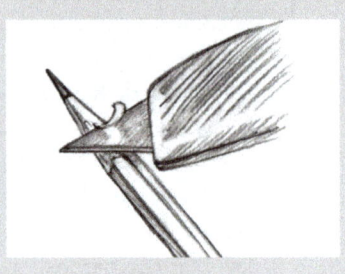

MATERIALES MÁS AVANZADOS

Aunque utilices un lápiz para el noventa por ciento del trabajo, también necesitarás otros materiales que no resultan caros y que serán útiles para darles a los dibujos un acabado profesional con tinta. (Véanse las páginas 26-27 para las demostraciones.)

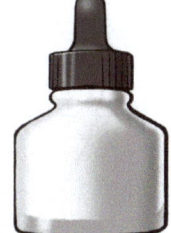

Un rotulador de dibujo

Los punta fina son muy fáciles de utilizar y se venden con distintos grosores; los más finos son los de 0,1 mm. Un par de rotuladores de diferentes grosores, por ejemplo uno de 0,3 mm y uno de 1 mm, bastarán para darle el acabado final.

Pluma

Esta herramienta tradicional de caricaturista tiene una punta flexible de acero que se moja en tinta y responde a la presión que se le aplica, produciendo líneas de diferentes grosor. No son fáciles de usar y el dibujo puede acabar totalmente manchado.

Tinta negra

Un tintero de tinta de dibujo negra es muy útil y dura bastante. Si se utiliza con precisión, resulta excelente para dibujar líneas densas y sombras o también puede diluirse un poco para formar tonos grisáceos.

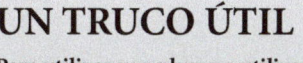

Rotulador gordo

Es un poco más difícil de utilizar pero son muy versátiles y útiles para producir líneas de diferentes grosores. El más usual es el negro, pero hay una gran variedad de colores y tonos que pueden usarse para sombras más delicadas y para presentaciones.

Pincel

Un pincel redondo de acuarelas de buena calidad servirá para la mayoría de dibujos, ya se trate de realizar finas líneas de tinta o de rellenar zonas mayores con tinta negra. Los números 3 ó 4 son muy versátiles siempre y cuando tengan una punta fina. Siempre hay que lavar los cepillos con cuidado y volverles a dar la forma afilada inmediatamente después de su uso.

Tinta blanca

La tinta blanca de dibujo aplicada con un pincel es genial para corregir errores y para añadir luminosidad y darle a nuestros trabajos esa chispa que nunca está de más. Asegúrate de agitar bien el frasco.

UN TRUCO ÚTIL

Para utilizar una pluma o utilizar bastante tinta en un dibujo es una buena idea utilizar papel de dibujo más grueso que no se arrugará con la humedad.

PROPORCIONES DE LA CARA

Aunque las caras humanas difieren bastante, en cierta manera todos somos más similares de lo que pensamos. Desde luego, tenemos dos ojos, una boca, una nariz… pero aparte de eso, los rasgos de la mayoría de las caras están dispuestos en una proporción relativamente parecida. La mayoría de las caricaturas consisten en manipular esas proporciones fáciles, pero, antes de empezar a romper las reglas, tenemos que aprenderlas.

Estas dos caras son claramente de géneros distintos. La cara femenina es más redondeada, con rasgos más delicados y el cuello más delgado, pero las dos se basan en el mismo patrón.

La mayoría de los principiantes se quedan atascados al dibujar la línea de los ojos. Tienen que dibujarla a media cabeza. Al situar los ojos en esa línea tenemos que pensar que la cabeza está dividida en cinco segmentos iguales, cada uno con la anchura de un ojo.

La nariz suele tener el ancho de un ojo en la base y situarse ligeramente por encima de la mitad entre el ojo y la barbilla. Esa misma dimensión es una buena guía general para dibujar la parte de debajo de las orejas. En el diagrama masculino, podemos ver que la parte superior de las orejas está más o menos al nivel de las cejas.

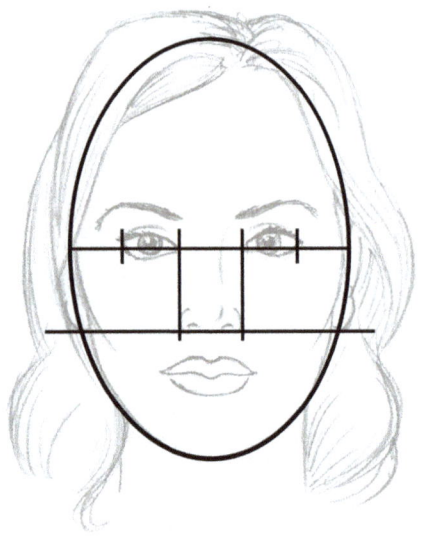
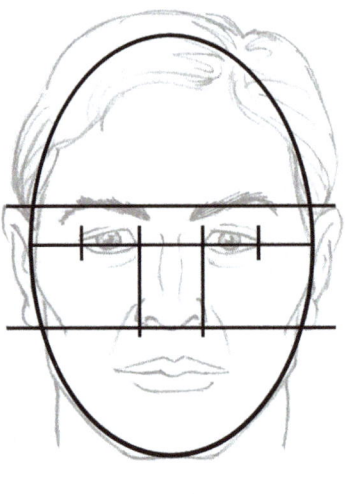

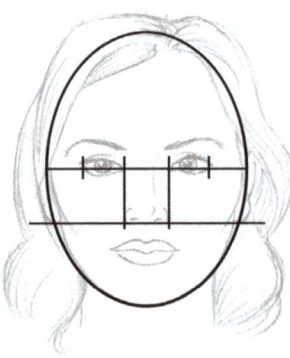
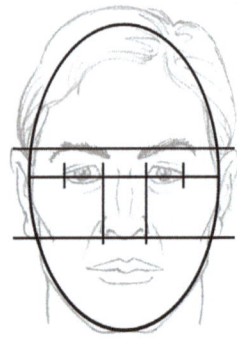

Cabezas de diferentes formas y tamaños siguen las mismas proporciones relativas.

La caricatura suele realizarse a partir de fotografías, pero no hay mejor manera de captar los principios básicos del dibujo de caras que trabajar con modelos de carne y hueso. Sácale el mayor partido posible al modelo más paciente que encuentres, utiliza un espejo que sea lo suficientemente grande como para ver toda tu cabeza y posiciónate de manera que sólo tengas que mover los ojos entre el espejo y el papel.

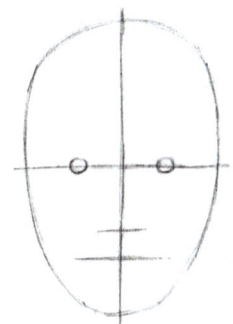

Paso 1

La mayoría de los dibujos de retratos empiezan dibujando una forma ovalada, como un huevo. Mi cara es bastante larga, así que he empezado con un óvalo largo, dibujado sin apretar con HB. Lo importante en este punto es evaluar correctamente lo alto y lo ancho de la cara. Situar bien los rasgos determinará el éxito de la similitud final.

Paso 4

Borra con cuidado las líneas que te han servido de guía antes de añadir más detalles.

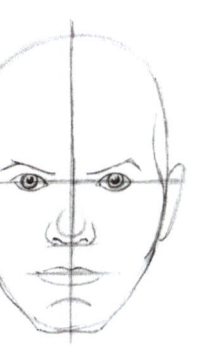

Paso 2

Con los espacios marcados, los rasgos pueden esbozarse rápidamente. Trabaja también en la forma de tu mandíbula. Ten en cuenta que las pupilas quedarán parcialmente cubiertas por los párpados.

Paso 3

Añade más detalles sobre la marcha. Trata el pelo como si fuese una masa ancha. El dibujo puede que ya tenga cierto parecido.

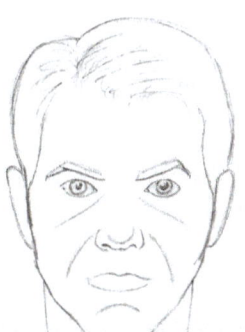

Paso 5

Ahora obsérvate con atención y refina los rasgos. Puedes trabajar más el pelo, pero no es muy importante más allá de la forma y el tamaño. Presta especial atención a las cejas porque transmiten mucha personalidad.

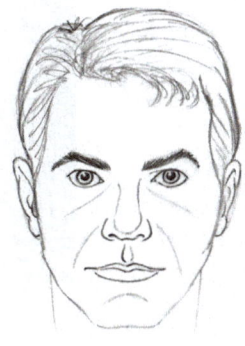

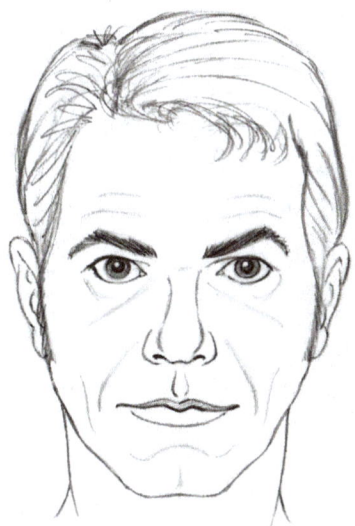

Paso 6

El peso de la línea es importante aquí, más oscuro alrededor de los ojos, las alas de la nariz y entre los labios y más flojo para marcar las arrugas y pliegues. Sin iluminación, sin modelaje, sin expresión ni diseño puede que tu autorretrato resulte tan aburrido como el mío. Sin embargo, lo importante es que vayas adquiriendo el proceso de dibujar.

RECONOCIMIENTO

Aunque sea muy perspicaz o esté efectuada con gran maestría, para que una caricatura se considere como tal tiene que mantener una similitud reconocible con el original. Captar la similitud no siempre es una tarea sencilla. A veces cuanto más se intenta más difícil parece. La clave está en fijarse la simplicidad como meta para que la psicología haga el resto del trabajo.

En todo cuanto advertimos nuestro cerebro está constantemente intentando reconocer las formas y figuras. Lo hacemos cientos de veces al día sin darnos cuenta. Cuando faltan partes de un dibujo, el cerebro intenta adivinarlas, llena los huecos y nos engaña pensando que podemos ver lo que falta. ¿Qué ves en estos diagramas?

¿Una cruz, quizás? ¿O quizás una forma de diamante?

Esta figura es más ambigua: podría tratarse de un octágono, dos cuadrados puestos uno encima del otro o quizás un círculo.

Cuando conseguimos cierta cantidad de información, podemos ver el círculo con mayor claridad, pero, aún así, ¿podría tratarse de un reloj?

Pero, está claro, que ninguna de estas lecturas es cierta. No existe ningún círculo sino solo una serie de puntos, aunque el cerebro se empeñe en ver una forma definida.

Un efecto similar se advierte con las formas sólidas como ocurre con estas pelotas con fondos negros. En cada caso, sólo se ve parte de la figura y el resto queda fundido con el fondo. El cerebro completa la figura en su esfuerzo por lograr que las formas cumplan con las expectativas.

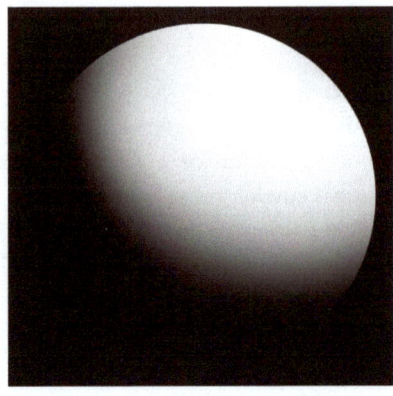

El mismo concepto puede aplicarse a las caras. Aquí hay algunos ejemplos de caras con unas imágenes muy individuales y tan conocidas que inmediatamente personalizan cualquier accesorio sin necesidad de presentar los rasgos faciales.

Sin embargo, en cualquier caso requieren una combinación de elementos. El pelo de Einstein por sí solo no provocaría el reconocimiento si no fuese acompañado por su bigote. Con cada rasgo extra que se añade se aumentan las posibilidades de perderse el reconocimiento. Ahora bien, sin esos rasgos estos dibujos serían meros símbolos y serían caricaturas carentes de encanto e ingenio. Además, estas figuras icónicas no suelen ser encargos comunes y el caricaturista tiene que trabajar duro.

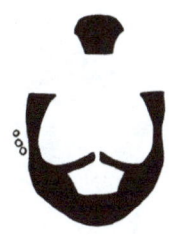 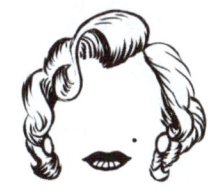

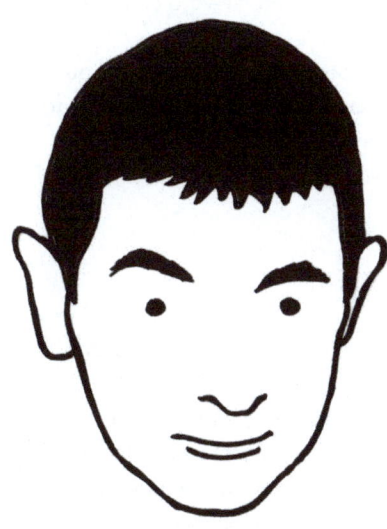

Con famosos menos icónicos también se puede lograr una caricatura aportando sorprendentemente poca información. Aunque este dibujo simplificado no muestra un estilo de pelo o una expresión distintiva ni detalles concretos en los rasgos, en cuanto se sabe que se trata de Rowan Atkinson, resulta difícil ver a nadie más. Aquí tenemos que recalcar la importancia de la forma de la cara y la localización de os rasgos para lograr la similitud.

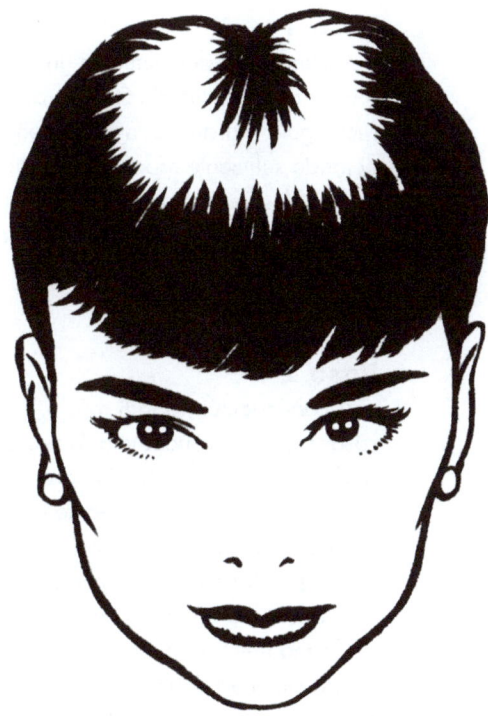

Para este dibujo he incluido un poco más de detalle pero la diferencia es notable. Es fácil advertir la semejanza con la belleza, gracia y elegancia de Audrey Hepburn. Cabe advertir que la cabeza está inclinada hacia delante, lo que hace que los rasgos faciales se sitúen más abajo y las orejas más altas en la cabeza.

Ninguno de estos dibujos puede proclamarse como una verdadera caricatura ya que se trata de sencillas simplificaciones. Ahora bien, tal y como veremos, la simplificación es un arma muy útil en la artillería de un caricaturista.

CARICATURA SEGÚN LA FORMA DE LA CARA

Entre los elementos más importantes de las caricaturas están la exageración y el énfasis. Hay muchas maneras en las que las partes de la cara pueden exagerarse, pero, primero, tendremos que observar la forma general de la cara como punto de partida de la caricatura.

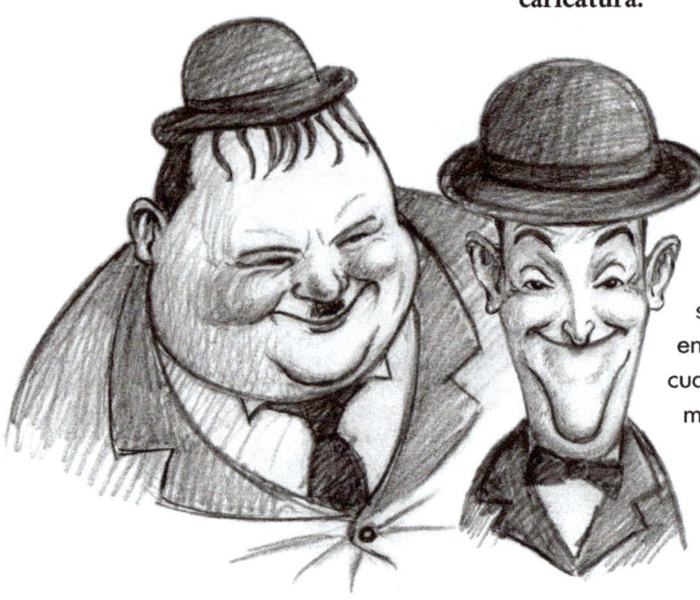

Estos joviales amigos representan los dos lados del espectro de formas de caras. He exagerado la redondez de Oliver Hardy de modo que sus rasgos ocupan sólo una pequeña zona de la cabeza. En contraste, la cara de Stan Laurel llena su delgada cabeza. Para añadir mayor énfasis he intercambiado los sombreros. Otras formas de la cara comúnmente enfatizadas por los caricaturistas pueden ser caras largas, cuadradas, con forma de corazón, de huevo o con amplias mandíbulas.

Para empezar, elige un personaje icónico con el que sea difícil equivocarse. Los dibujos contemporáneos de Enrique VIII le muestran con una distintiva cara cuadrada y eso es precisamente lo que he decidido enfatizar.

Paso 1

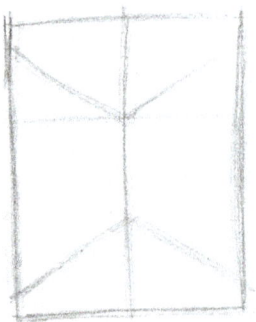

Mirando con detenimiento una reproducción clara del malhumorado retrato del rey, decidí cómo llevarlo a cabo. Empecé dibujando un rectángulo a grandes rasgos y señalar una línea vertical en el centro, dejando suficiente espacio para dibujar el sombrero y el cuello del abrigo más tarde. Después advertí que sus cejas se arqueaban juntándose en el centro y que la barba se abría formando una diagonal hacia fuera de manera que exageré sutilmente los ángulos.

Paso 2

A continuación, añadí más rasgos, preocupándome más por el tamaño y la posición en la cara que por la precisión. Como se trata de una caricatura, mi intención no es replicar los rasgos originales sino captar su esencia y situarlos de forma efectiva en el dibujo. Cierta similitud debería ser ya aparente.

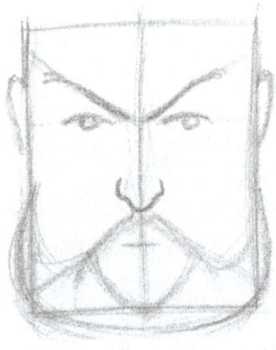

Paso 3

Seguro con los rasgos generales de la cara, me centré en redefinir los rasgos, estudiando cada uno con detenimiento para transmitir la personalidad del rey. Así que los ojos tenían que ser pequeños y desconfiados, la nariz puntiaguda y malintencionada y la boca pequeña y con labios apretados. Sombrear ligeramente la barba me ha permitido juzgar mejor la similitud, así como dibujar rápidamente el cuello del abrigo y el sombrero.

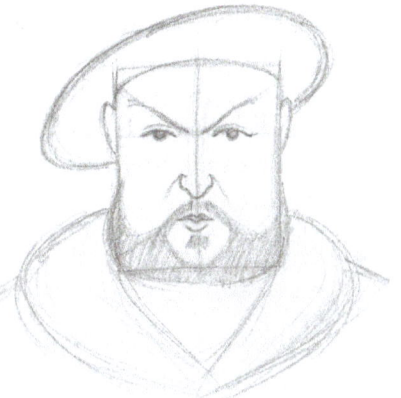

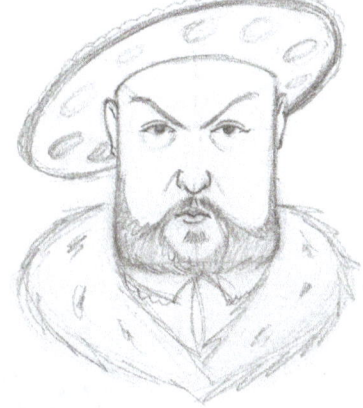

Paso 4

He borrado las líneas que me servían de guía y he trabajado más los detalles para acabar con un dibujo presentable en lápiz. Ahora bien, las marcas de lápiz son demasiado blandas, así que he decidido progresar a partir de ahora con unas líneas de rotulador que respondan mejor a la personalidad del sujeto.

Paso 5

Con un rotulador puntafina (0,3 mm) repasé las líneas, teniendo siempre en cuenta el retrato base. Los contornos sutiles alrededor de las sienes rompen la rigidez del rectángulo, al igual que las marcas de la barba, que le aportan textura. El detalle de la ropa lo he realizado muy por encima; sus formas generales son suficientes como para transmitir una idea de la época y de su posición. Después borré todas las marcas de lápiz.

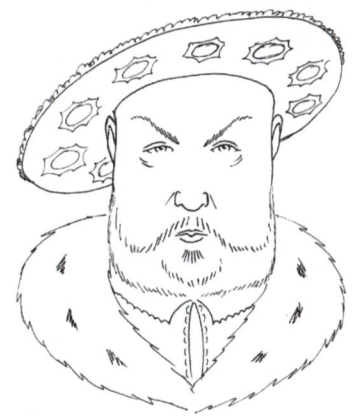

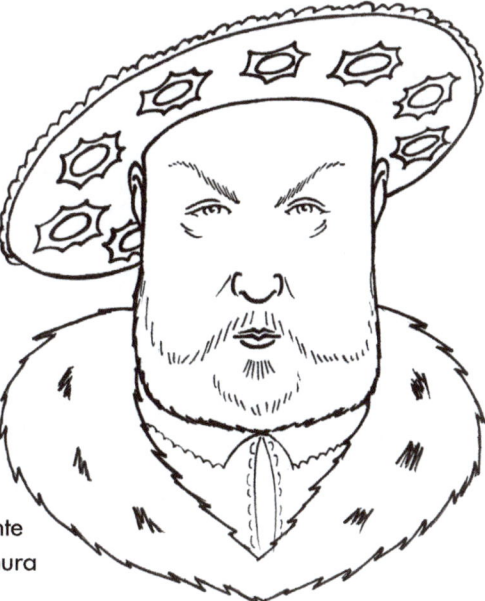

Paso 6

Para aportarle al dibujo peso y atrevimiento, reafirmé las líneas y los contornos con un rotulador más gordo (0,8 mm). También reforcé algunas partes de la cara, pero de forma selectiva, ya que lo importante era enfatizar el contraste entre los rasgos finos y puntiagudos y la anchura de la cara y la cabeza.

CARICATURA
CON CUADRÍCULAS

Durante siglos los artistas han utilizado la cuadrícula como apoyo en las copias o para agrandar los dibujos. Un sistema similar puede ser útil para ayudar a los caricaturistas principiantes a la hora de distorsionar imágenes con cierto grado de «precisión». Aquí demostraré el principio de transferir una similitud naturalista en una cuadrícula distorsionada como una atajo para conseguir buenas caricaturas.

Al elegir al mito erótico de los años cincuenta, Ava Gardner, como sujeto, tuve que enfrentarme a los retos de mantener una semejanza sutil (a diferencia de Enrique VIII) y las cualidades de belleza que hicieron famosa a la actriz. Encima de esta imagen, dibujé una cuadrícula marcando los bordes de la cara y la altura de los principales rasgos de la cara.

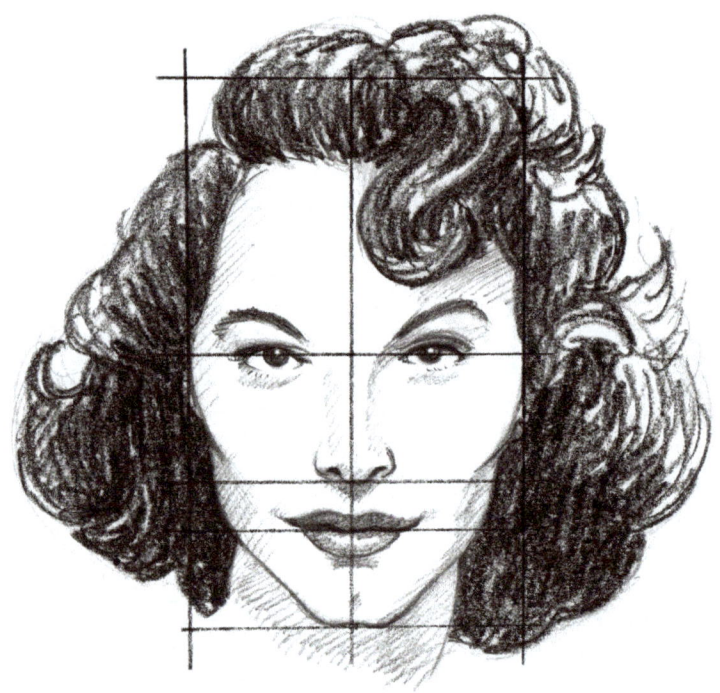

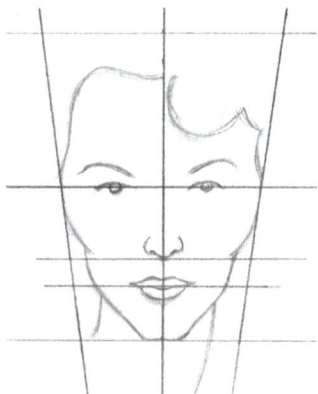

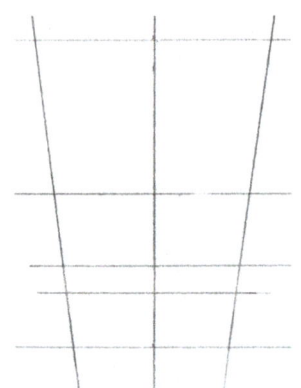

Paso 1
En un papel blanco volví a rehacer la cuadrícula, pero distorsioné las líneas verticales, manteniéndolas simétricas. Las líneas horizontales están en los mismos intervalos que las del dibujo original. Dejé mucho espacio para añadir el pelo más tarde. Al dibujar la anchura de la cara, intenté enfatizar los pómulos y la mandíbula. Otras caras quizás sugieran una cuadrícula diferente.

Paso 2
Haciendo referencia a la imagen de partida, transferí la cara a la nueva cuadrícula. Al hacerlo de sección en sección es más fácil trasladar las formas a las nuevas dimensiones. El resultado es una cara muy diferente así que necesitaba acercar parecidos.

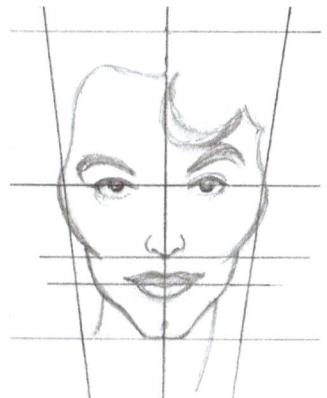

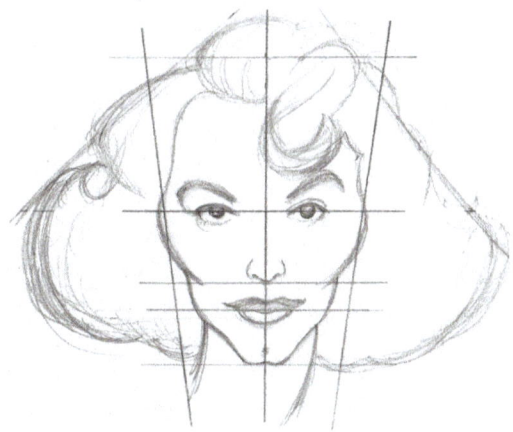

Paso 3

Mirando con atención el dibujo original decidí qué elementos necesitaba mejorar. La boca tenía que ser más grande así que la amplié. También dibujé los ojos con mayor firmeza y levanté esas seductoras cejas arqueadas. También me pareció apropiado resaltar más los pómulos y reafirmar el contorno de la mandíbula.

Paso 4

Para enfatizar la forma cambiada de la cara, distorsioné la silueta del pelo en dirección opuesta, haciendo que cobrase mayor volumen en la base. En las fases de diseño el pelo debe ser tratado como una masa, señalado solo con unas sencillas líneas.

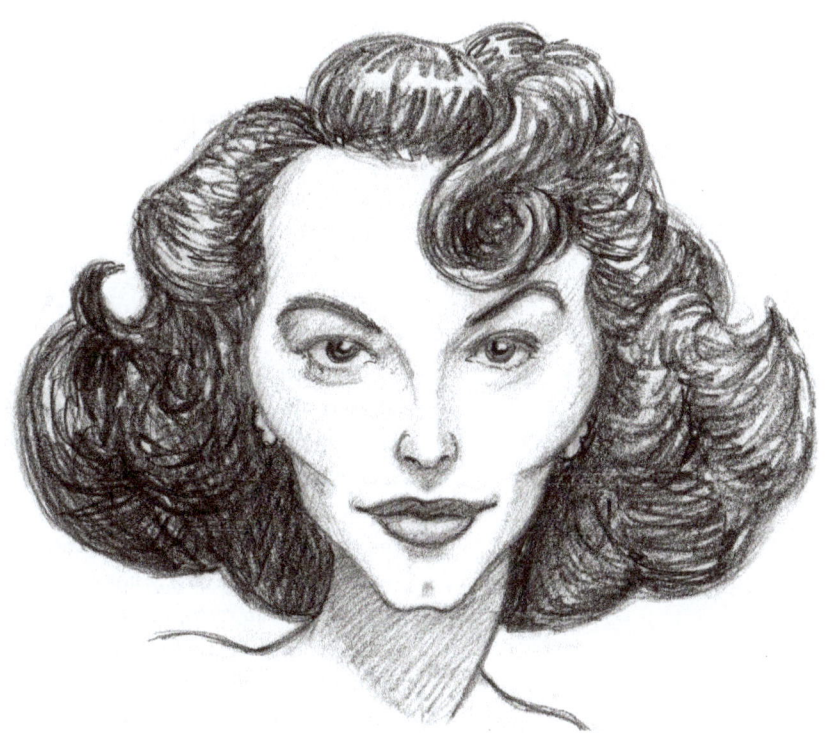

Paso 5

Una vez contento con la semejanza, borré las líneas que me habían servido de guía y me centré en el acabado del dibujo. Utilicé un lápiz, que le aporta una suavidad muy apropiada en esta imagen glamurosa: un afilado 2B para la cara y 4B para los trazos de los mechones del pelo. Al final de una caricatura se pueden acentuar los rasgos para darle mayor realismo o estilo, pero es raro que se produzca una semejanza con el original si no existe en el dibujo esbozado anterior.

LA CABEZA DE PERFIL

El perfil es un ángulo que les resulta muy útil a los caricaturistas, ya que es la visión más sencilla de captar de la cabeza y en la que es más fácil encontrar similitud y, por lo tanto, la más fácil de manipular para dar con una caricatura reconocible. Ahora bien, antes de imbuirnos en el proceso, es importante entender cuáles son las proporciones naturales del perfil.

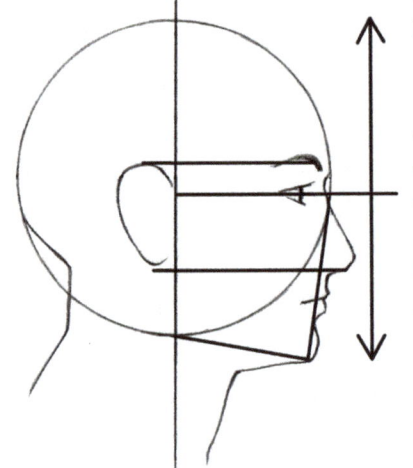

Vista de lado, la cabeza es sorprendentemente ancha, mucho más ancha que cuando se mira de frente. Puede resultar de ayuda pensar en un círculo como la forma de la cabeza a partir del cual queda colgada la cara. Una línea vertical más o menos en el medio de la circunferencia es donde se sitúa la oreja y donde acaba la mandíbula inferior. La boca y la barbilla, normalmente quedan inclinadas hacia dentro, desde el extremo del círculo, sobresaliendo únicamente la nariz. El ojo y la ceja deberían situarse cerca de la línea de la cara.

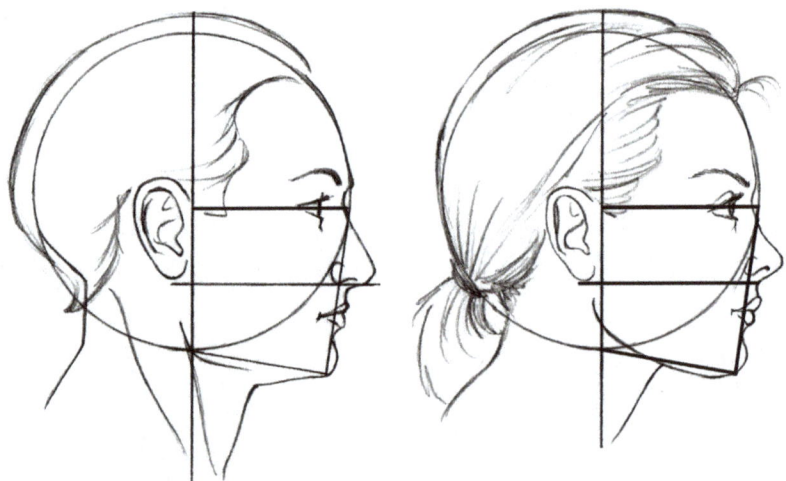

Las dimensiones verticales son las mismas que en la vista frontal: el ojo se sitúa a medio camino entre la parte superior e inferior de la cabeza; la oreja se sitúa aproximadamente al nivel de la ceja y la nariz y así sucesivamente.

Las cabezas masculinas y femeninas siguen las mismas proporciones relativas. Hay que tener en cuenta que el pelo, incluso si es corto o está recogido, tiene grosor y tiene su lugar destacado en la cabeza. El cuello no está totalmente recto, como se podría asumir, sino que hay inclinaciones hacia delante desde los hombros. Desde el lateral, el ojo forma un triángulo y el iris queda reducido a un disco plano. Las cejas son mucho más cortas que de frente y el arco puede resultar más exagerado.

Hay otras figuras que se reconocen mejor de perfil. Los jefes de estado han aparecido tradicionalmente en monedas, sellos y material propagandístico, normalmente en distintos grados de idealización. Dichas figuras icónicas pueden ser reconocidas por algunos rasgos distintitos, por algún detalle parcial o puramente por la silueta.

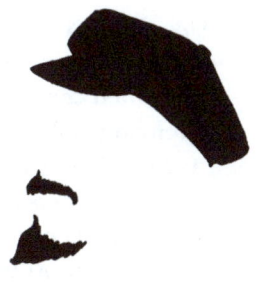
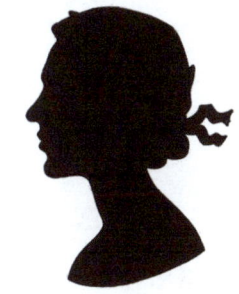

CARICATURA MEDIANTE SILUETA

Puesto que requieren dibujar poco, las siluetas resultan una caricatura sencilla en ese sentido, pero difícil en el sentido de que hay pocos detalles con los que trabajar. Por lo tanto, lo mejor es intentarlo con personajes muy famosos o muy reconocibles. El cineasta Alfred Hitchcock tenía una un perfil fácil de reconocer al que le sacó mucho par tido utilizándolo en gran cantidad de material publicitario.

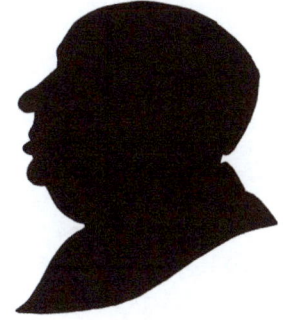

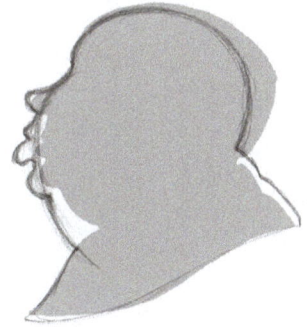

Paso 1

Poniendo papel de calcar sobre la silueta original he redibujado el contorno, intentando exagerar la curva de los mofletes. Para darle mayor énfasis también he reducido la parte de atrás de la cabeza. El labio inferior es el rasgo más prominente con el que se puede jugar y, al reducir la nariz, hace que el labio parezca mayor en comparación. El problema es que ahora el perfil se parece más al de un bebé.

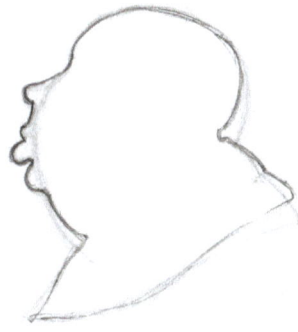

Paso 2

Para conseguir el parecido, puse un papel nuevo sobre el dibujo y remodelé la parte de atrás de la cabeza para darle una forma más definida. También retoqué los labios y la nariz en referencia con la silueta original. A continuación les di forma a los carrillos para conseguir una curva suave.

Paso 3

Ya sólo me quedaba dibujar el contorno con un rotulador, borrar las marcas de lápiz y rellenar de tinta negra la silueta.

CARICATURA MEDIANTE LÍNEAS

Una de las formas más sencillas de realizar una caricatura es estirando los rasgos de toda la cabeza. Este método funciona muy bien con perfiles. Lo principal es seleccionar con atención el ángulo a partir del cual se realizará el estiramiento; según la cara queda mejor un ángulo u otro. Con la experiencia, conseguirás hacerlo rápido, pero he dividido el proceso en diferentes fases para que resulte más abarcable. Aquí he elegido al gran naturalista Charles Darwin como sujeto.

Este es mi primer esbozo basado en una granulosa antigua fotografía victoriana. Se trata de un esbozo directo, sin realizar ningún esfuerzo de distorsión. Los rasgos que más llaman la atención aquí son la frondosa barba y las cejas pobladas, así que decidí resaltar al máximo estos rasgos estirando la cabeza en forma de diagonal.

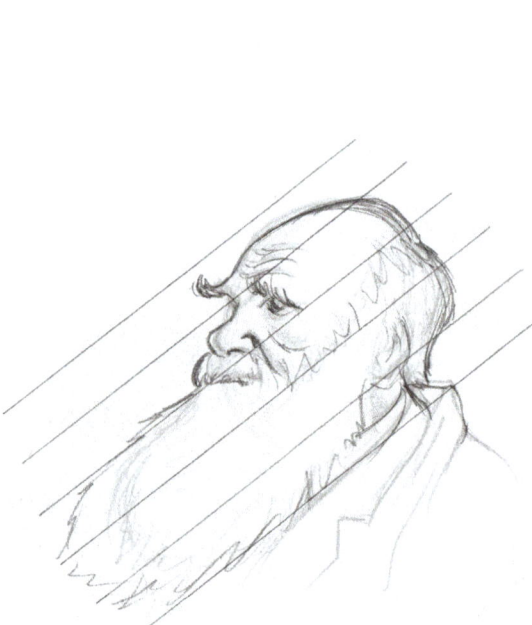

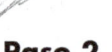

Paso 2

Aquí repetí el proceso, esta vez trazando el retrato sobre el segundo dibujo. De esta manera los esbozos subsiguientes se realizan con rapidez, sin demasiados trazos. Podría haber seguido estirando los rasgos siempre y cuando se mantuviese un parecido con el original, pero me pareció suficiente para crear el efecto deseado.

Paso 1

Sobre el primer esbozo puse un papel lo suficientemente fino como para ver la imagen de abajo. Marqué unas líneas paralelas en la dirección escogida. Después tracé la cabeza, dibujé nuevas líneas fuera del esbozo original, siguiendo la dirección de las diagonales. El dibujo en esta fase no tiene que ser muy detallado.

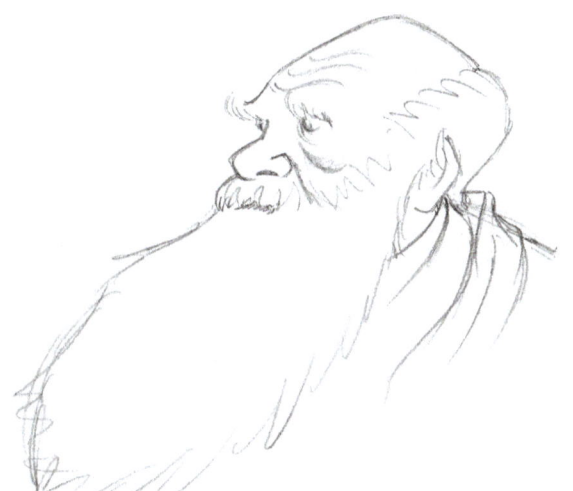

Paso 3

En un papel nuevo, sin líneas de guía, tracé de nuevo el dibujo, esta vez cambiando selectivamente algunos detalles sobre la marcha. Rellené un poco más la barba y amplié la parte de atrás de la cabeza. También levanté la línea de los hombros para darle un aspecto más encorvado.

Paso 4

Para darle el toque final, volví a la fotografía original y copié las sobras y la textura en mi dibujo. Para evitar que acabase siendo una caricatura demasiado trabajada, concentré gran parte del trabajo del lápiz en la zona de la cara y mantuve el resto relativamente libre de trazos. Con una sombra oscura en la zona de los ojos conseguí que pareciesen más hundidos y que las cejas se viesen más pobladas si cabe.

La caricatura resultante consiguió el parecido que esperaba. El estiramiento gracias a las líneas diagonales consiguió estirar la frente y llevar hacia delante la mandíbula, confiriéndole a Darwin una apariencia de simio a la vez que mantiene la solemnidad victoriana.

23

CARICATURA DE PERFIL

Hay muchos enfoques diferentes para lograr una caricatura de perfil; aquí presentaré algunos métodos con los que puedes experimentar.

ESBOZOS SELECTIVOS

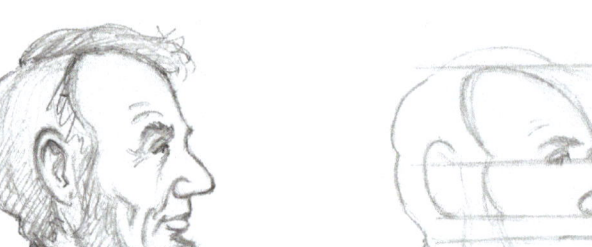 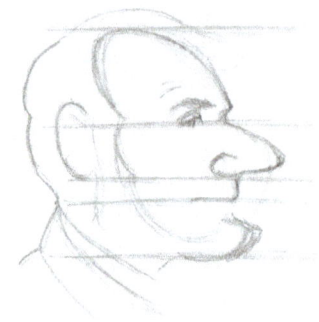 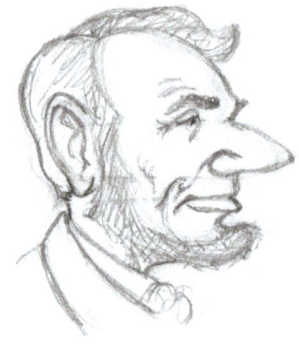

Abraham Lincoln tiene una de esas caras que llaman a la caricatura. Al dibujar este retrato tuve que retenerme de acentuar muchos de sus interesantes rasgos.

En un papel de calcar, puesto sobre el original, marqué los niveles de sus rasgos y tracé la parte de atrás de la cabeza. Después moví el papel hacia la derecha y tracé la oreja y la línea del pelo, acortando así la parte trasera de la cabeza. Moviendo el papel más a la izquierda tracé los rasgos de la cara de manera que quedasen más acentuados.

Entonces ya solo tenía que ir uniendo los rasgos y captar algunos detalles con la ayuda de la fotografía original. También agrandé la oreja y estreché el cuello para enfatizar la forma alterada de la cabeza.

APLASTAR

El actor Daniel Craig tiene un perfil muy distinto, por lo que el enfoque que elegí fue aplastar la cara en vez de estirarla.

Dibujé una línea vertical en un papel de calcar y después dibujé la cara a lo largo de la línea para ir señalando los rasgos en un perfil bastante plano. Advertí la forma inusual de su labio superior, así que lo alargué, agrandé el labio inferior también y reduje la barbilla. Al aplanar la parte de atrás de la cabeza, mantuve la forma cuadrada y también acentué los contornos de su fuerte mandíbula.

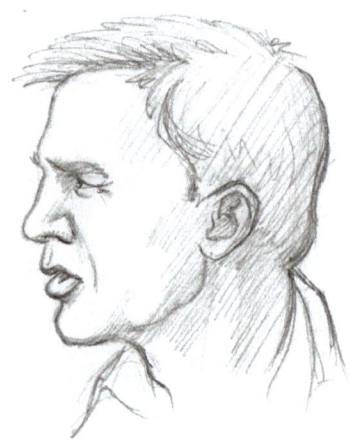 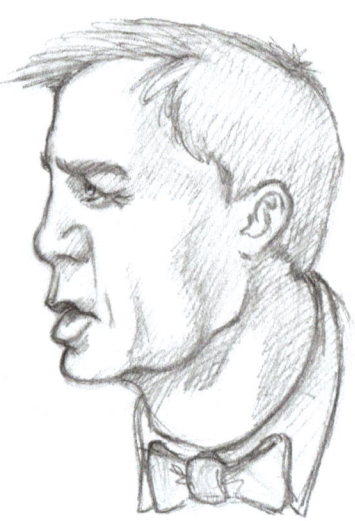

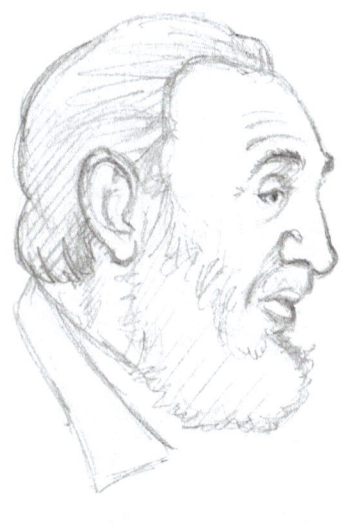

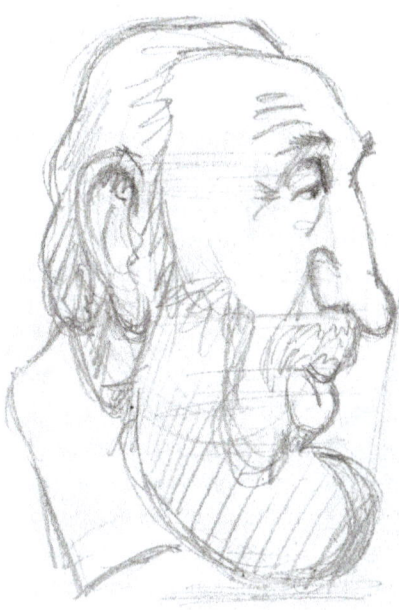

PROLONGACIÓN

Si bien la cara de Lincoln apunta hacia fuera, la de Fidel Castro parece echarse hacia abajo, así que decidí alargarle la cara y centrarme en la profunda barbilla y en la barba.

Esta vez no calqué los rasgos sino que los dibujé en un papel, al preferir la libertad que da un papel en blanco. Empecé por el ojo y la nariz y después trabajé la cara, extendiendo las dimensiones de cada uno de los rasgos. Las exageraciones de las proporciones faciales están enfatizadas gracias a la reducción de la cabeza y la ceja.

UN TRUCO ÚTIL

A menos que un sujeto tenga unos ojos distintivos, la apuesta más segura es dejarlos prácticamente igual que en el original.

DISTORSIÓN SELECTIVA

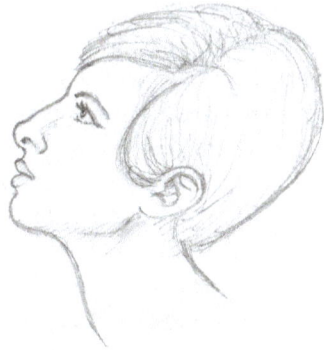

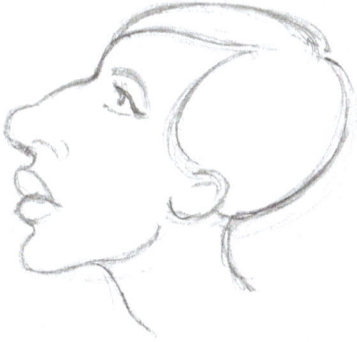

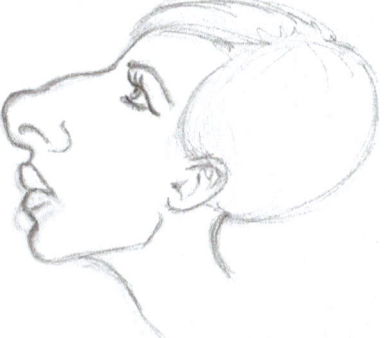

Aunque es una mujer bella, Barbra Streisand tiene una nariz grande, así que intenté que fuese el rasgo dominante con el propósito de retener cierta gracia en su perfil.

En un papel de calcar agrandé la nariz considerablemente y después tracé el ojo y la línea del pelo. Más tarde reduje el tamaño del pelo y estreché el cuello, para que se asemejase al de un cisne. També agrandé los labios y resalté la barbilla.

Como no estaba contento con el parecido, disminuí uno poco los labios y la barbilla en el siguiente paso. Al definir el ojo y la nariz reapareció el parecido. Después le di forma a la mandíbula y estreché aún más el cuello.

TINTA

Después de diseñar una caricatura, sin duda querrás pasar a la siguiente fase de conseguir un trabajo artístico bien acabado. En algunos casos bastará con un acabado en lápiz, pero muchos caricaturistas profesionales utilizan tinta para darle ese toque final a sus dibujos.

Hay muchas formas de aplicar la tinta y cada una tiene su acabado distintivo. Aquí presento muchas técnicas, pero también puedes experimentar mezclándolas y hallar tu propia marca artística.

Pluma pincel

Este tipo de plumas pinceles que ya llevan la tinta dentro son perfectos para trazar líneas suaves. Aquí he utilizado uno de punta fina para gran parte de las líneas, aplicando un poco más de presión en algunas partes. Si dibujas en trazos continuos, las líneas serán del mismo grosor. Una vez más este tipo de plumas son muy útiles para dibujar los reflejos del pelo. Se pueden conseguir resultados similares con un pincel muy fino y tinta.

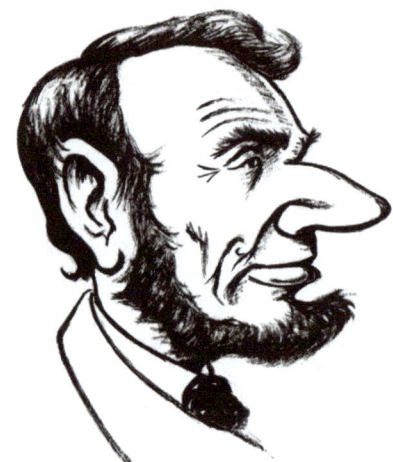

Pincel semiseco

Aquí he utilizado un pincel seco y tinta de dibujo. Al quitarle el exceso de tinta al pincel en un pañuelo de papel, lo mantuve lo suficientemente seco como para que las cerdas dejasen marcas en el dibujo, lo que me iba perfecto para el pelo un poco rebelde de Lincoln y para crear unas sombras rotas alrededor de sus abruptos rasgos. Para las líneas más firmes utilicé un pincel más cargado de tinta.

Pluma con punta de acero

La punta flexible de la pluma me ha permitido variar el grosor de la línea a medida que iba dibujando, lo que resultaba muy útil para realizar toques y sombras bajo los rasgos, además de realizar líneas más interesantes. Utilicé la misma pluma para la barba, pero aquí no apliqué tanta presión y la moví realizando ejercicios circulares para simular los rizos.

APLICAR TONO

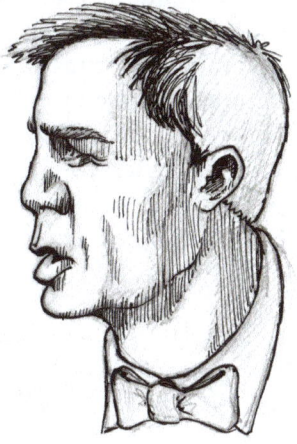

Sombreado

El sombreado es el modo más común con el que los caricaturistas aplican las sombras y moldean los retratos. Cualquiera de las herramientas anteriores puede utilizarse en el sombreado, pero aquí he utilizado rotuladores puntafina.

En un primer momento he marcado las zonas de sombra con lápiz y después he utilizado un puntafina (0,3 mm) para aplicar la tinta en las líneas y en el pelo. A continuación he añadido rápidos toques con una distancia similar entre sí trabajando en una única dirección.

He borrado todas las marcas de lápiz y he definido con más fuerza el sombreado (derecha). Al trabajar en diferentes direcciones he profundizado las sombras de las zonas que me convenían. Para las partes más oscuras, insistí con trazos en otra dirección. Rellené el pelo de color negro y la pajarita con un pincel y tinta. Para acabar, utilicé un rotulador más grueso (1 mm) para darle firmeza al contorno.

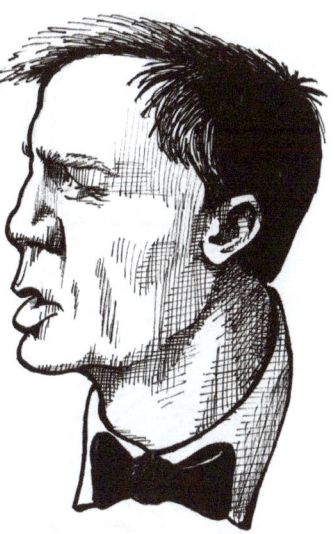

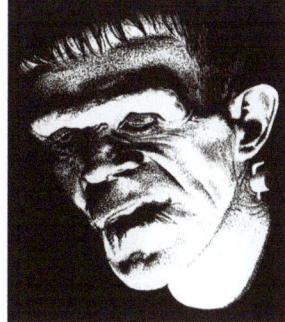

Puntos

Una técnica más sutil y que requiere más tiempo es realizar un puntillado para crear distintos grados de tono. Es una técnica que funciona muy bien con dibujos con alto contraste tonal. Por ejemplo, en el dibujo de arriba he utilizado puntos con el rotulador puntafina para el pelo y después he aplicado tinta negra con pincel.

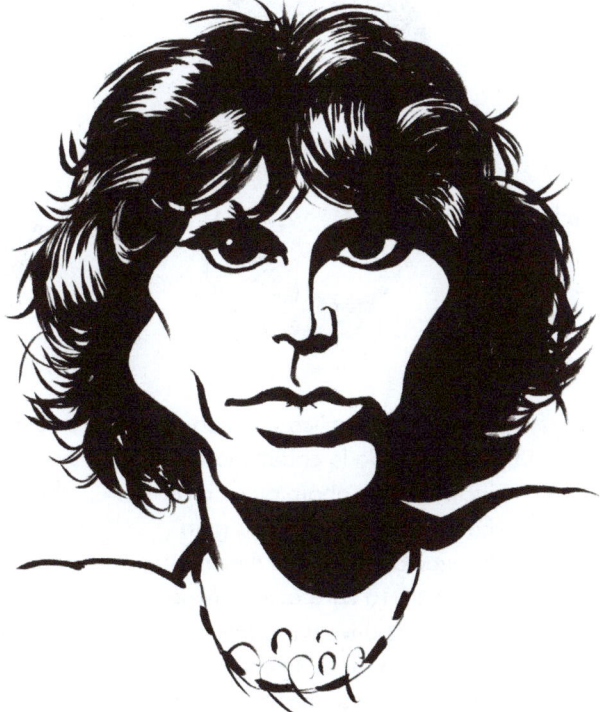

Negro sólido

Mucho menos sutil es el enfoque grafico de sombrear con bloques sólidos de tinta negra. La fotografía original de la que partí para este dibujo de Jim Morrison estaba iluminada creando un gran contraste, de modo que me resultó más fácil marcar las fronteras entre el negro puro y el blanco. Utilicé tinta y un pincel de acuarelas además de un puntafina.

LA CABEZA EN TRES CUARTOS

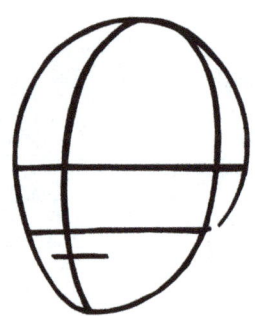

Dibujar las caras de frente y de lado hace que estemos más preparados para hacer retratos en tres cuartos, en los que se ven tanto la parte frontal como la lateral. Aunque así se puede aportar una visión más completa de la caricatura, presenta muchas más dificultades. La vista en tres cuartos requiere que se piense en tres dimensiones, sobre todo a la hora de realizar las exageraciones más extremas. Ahora bien, una vez más, si se aprende la estructura básica y se siguen unas pautas para dibujar la cabeza en sus dimensiones naturales, después se pueden abarcar dibujos más complejos.

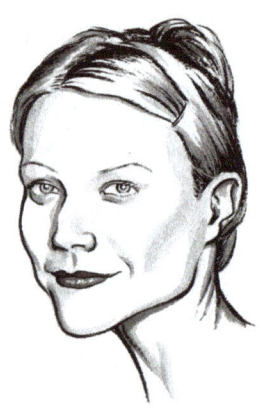

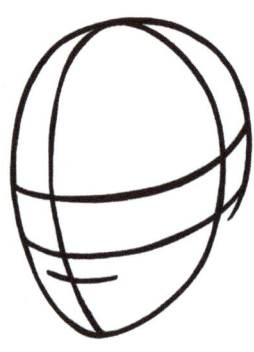

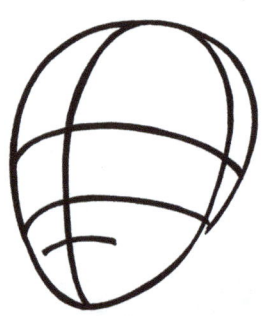

Con la cabeza girada hacia la izquierda, las líneas horizontales son las mismas que las que hemos utilizado anteriormente. Sin embargo, la línea central vertical está desplazada y curvada para indicar el centro aproximado de la cara. Una vez tenemos esta estructura es más fácil situar los rasgos.

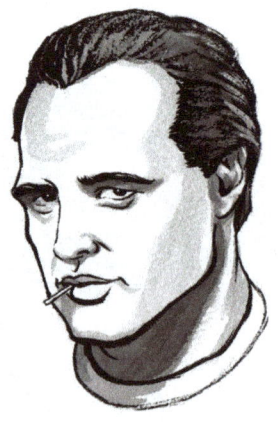

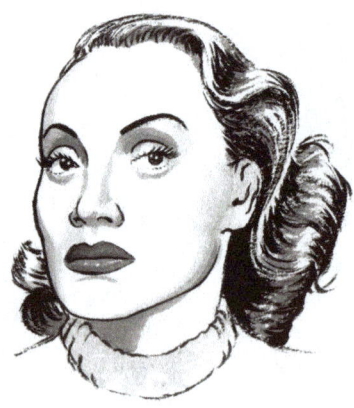

UN TRUCO ÚTIL

Cuanto más inclinado sea el ángulo desde el cual se ve la cabeza, ya sea mirando hacia arriba o hacia abajo, más exagerada deberá ser la curva de las líneas base para dibujar los rasgos.

Todo se complica un poco más si cabe cuando la cabeza también se inclina hacia abajo o hacia arriba. En estos casos las líneas guía horizontales también tienen que curvarse. La cara ocupa menos espacio relativo en referencia a la parte superior de la cabeza y las orejas se sitúan más hacia arriba.

Cuando la cara está inclinada hacia arriba o se dibuja vista desde abajo, las guías horizontales tienen que inclinarse en el sentido contrario. La cara ocupa más espacio en la cabeza, las orejas se sitúan más abajo y la línea del pelo está más atrás. La parte inferior de la nariz se hace más visible.

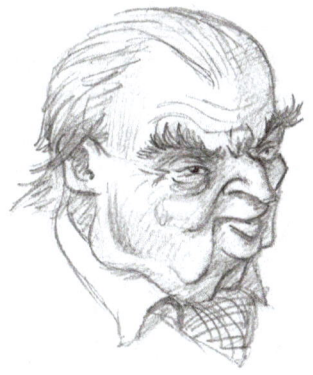
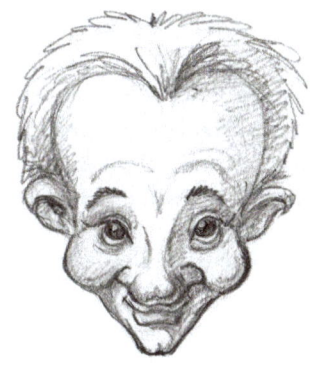
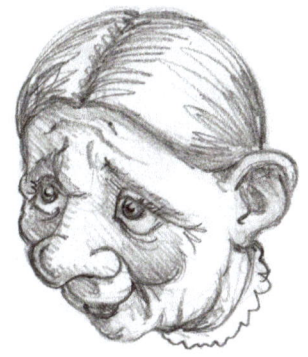

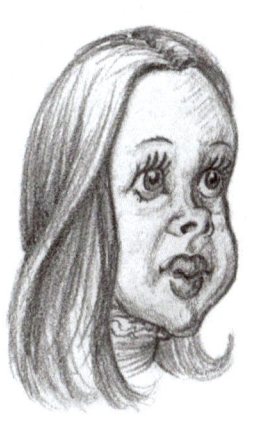

PRÁCTICA

La mejor manera para acostumbrarse a las complejidades del dibujo de tres cuartos y dibujar bastantes caricaturas en diferentes posiciones, mirando hacia arriba, hacia abajo, a la derecha y a la izquierda. Ahora bien, la práctica tiene que ser divertida, así que aléjate del realismo y pásatelo bien inventándote caras raras. Puedes inspirarte en fotografías y dibujos animados; exagera algunos rasgos y empequeñece otros, haz las caras más anchas o más largas. Prueba con diferentes formas de caras y personal de diversas edades. Todos encontrarán un hueco en tus caricaturas.

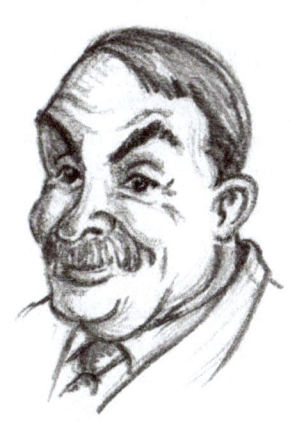

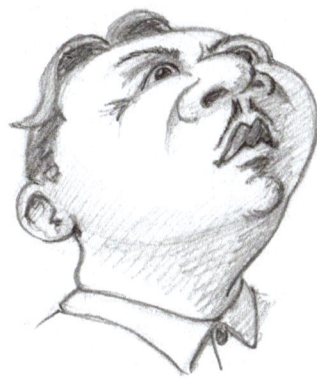
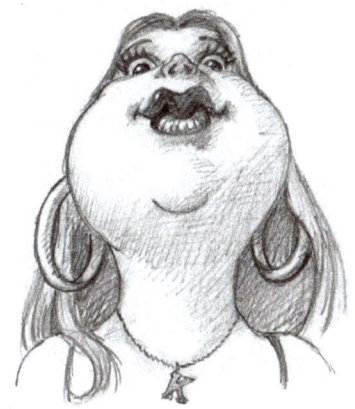
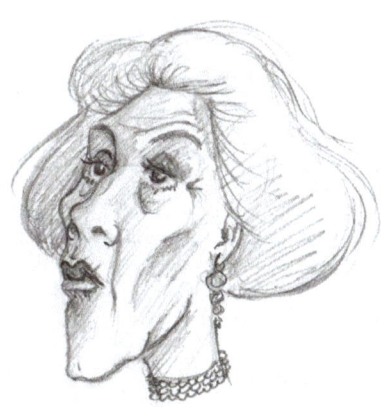

CARICATURA CENTRADA EN LOS RASGOS

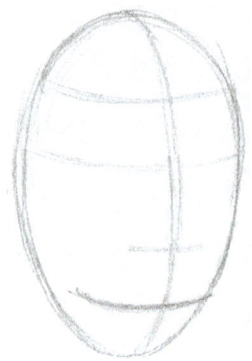

La mayoría de las caras tienen un rasgo que sobresale más que los demás. El capitán Spock de Star Trek es inmediatamente reconocible por sus cejas, orejas y peinado, pero más allá de del nivel de caracterización del personaje tenemos la distintiva cara del actor Leonard Nimoy. Para captar algunas de sus cualidades he centrado mi interpretación en la parte baja de la cara.

Paso 1

Mirando las fotografías de referencia queda enseguida claro que se trata de una cara alargada, así que empecé con un óvalo largo. Después lo dividí en proporciones horizontales que me parecían apropiadas para permitir que la parte baja de la cara dominase y procedí a marcar el pelo y la línea de los ojos.

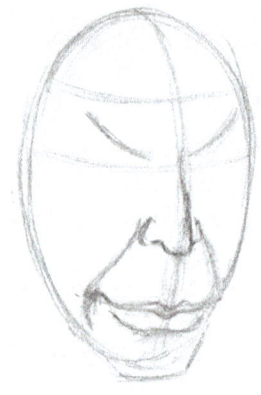

Paso 2

Aunque no me propuse que la nariz resaltase mucho, fue lo primero que dibujé como punto de referencia de tamaño y de situación de los otros rasgos. La boca fue lo siguiente que dibujé, grande y con labios carnosos, dejando un gran espacio entre esta y la nariz. Inmediatamente vi que la barbilla tenía que ampliarse. Recuerda que la forma de la cara inicial que dibujes es solo una orientación y que la puedes ir modificando en cada fase.

Paso 3

Enseguida dibujé el resto de los rasgos marcándolos en una cuadrícula que me servía de base. En esta fase no pretendía ver una gran similitud, pero ya sentía que las proporciones eran las adecuadas. Ahora bien, la cara estaba un poco torcida y la boca y la mandíbula necesitaban mayor énfasis para contrastarse con sus famosas cejas.

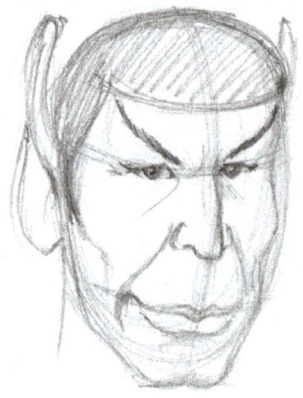

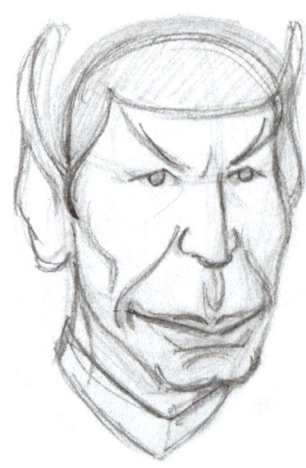

Paso 4

Para corregir los problemas que había advertido en las primeras fases del dibujo, puse papel de calcar encima. Fui trazando los contornos y corrigiendo los problemas: centralicé y amplié la boca, alejándola un poco más de la nariz. Con una boca más ancha, la parte inferior de la cara quedó ampliada y reforzada. Corregí el ojo un poco desplazado, le añadí más forma a las orejas y reduje la parte superior de la cabeza.

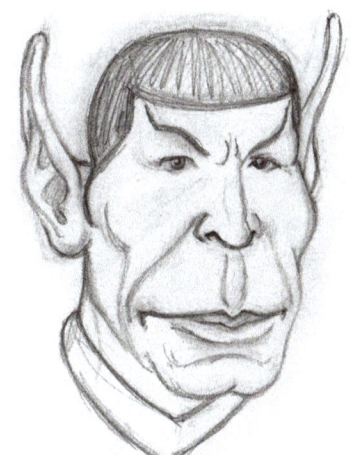

Paso 5

Razonablemente satisfecho con las proporciones, volví a mirar las fotografías de partida y copié las formas de los rasgos individuales en el dibujo ya en limpio. Refiné la boca y trabajé la barbilla y los pómulos. Reduje el tamaño de la nariz para ampliar más el labio superior. Unas sombras básicas me ayudaron a comprobar la semejanza.

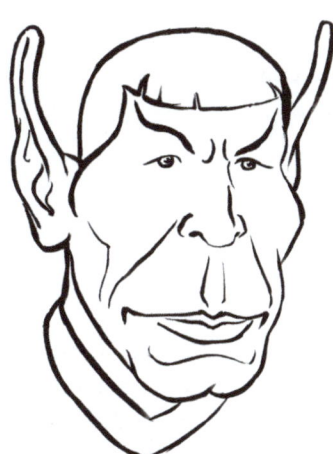

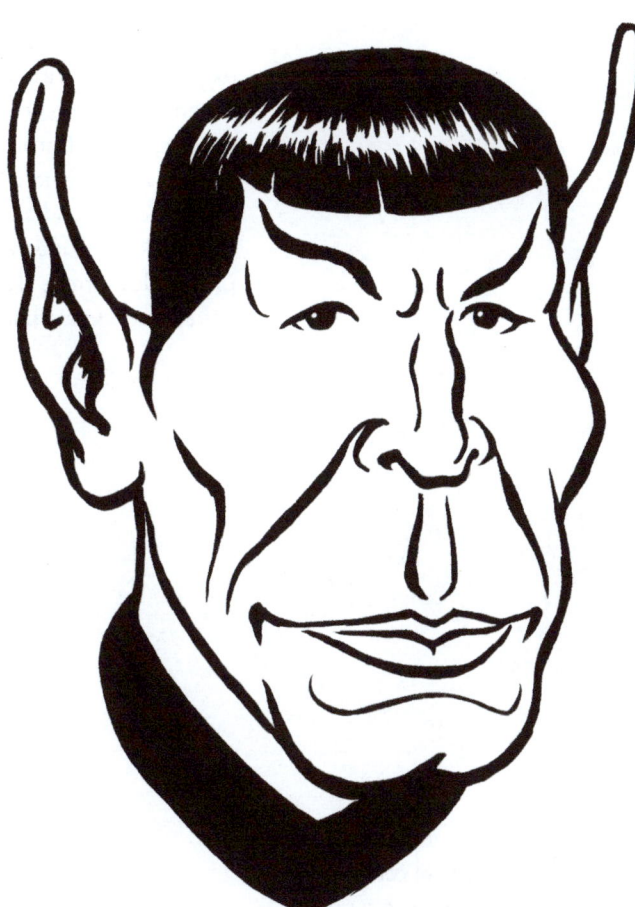

Paso 6

He elegido aplicar la tinta con pincel para darle un aspecto de cómic. Puse otro papel con el que se pudiese calcar encima del último dibujo y lo fijé bien con celo para evitar que se moviese. Con cuidado, fui trazando los rasgos principales con el pincel, comprobando siempre la semejanza con las fotografías originales. Es un punto delicado, ya que la similitud se puede mantener o perderse por completo en un abrir y cerrar de ojos.

Paso 7

Satisfecho con el contorno de la figura, trabajé la aplicación de más tinta para reforzar la personalidad y el diseño y para sugerir también un sentido de iluminación. En algunas zonas apliqué tinta negra de forma sólida, dejando con cuidado algunos reflejos blancos en el pelo y un puntito blanco en cada ojo.

CARICATURA MEDIANTE GARABATOS

La caricatura no siempre tiene que ser el fruto de una minuciosa planificación y observación, sino que también puede tratarse de arte orgánico, espontáneo, que se va forjando a medida de ir dibujando. Un método que ya probaron y verificaron algunos de los grandes maestros de la pintura y que encaja muy bien con la caricatura es dejar que fluyan garabatos curvados.

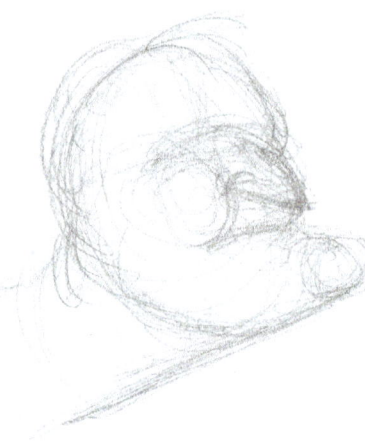

Paso 1

He tomado a Quentin Tarantino como sujeto y resulta irresistible la tentación de centrar el diseño en su extraordinaria barbilla, así que encontré una foto en la que salía exagerando la barbilla hacia fuera. Con un movimiento circular realizado con un lápiz con la punta aplastada fui dándole forma a las principales formas de la cara, enfatizando la barbilla y la nariz.

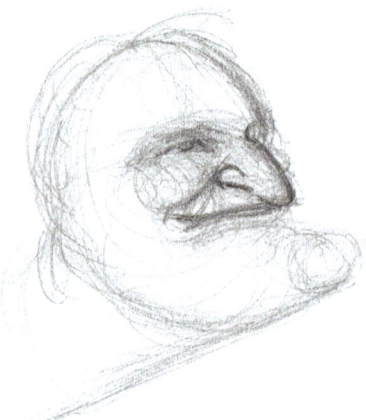

Paso 2

Ya tenía casi la forma de la nariz y la boca también parecía bastante acertada así que las resalté con el lápiz y empecé a situar el ojo.

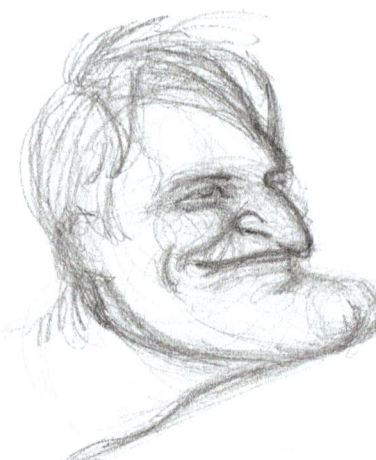

Paso 3

Trabajando desde el centro de la cara hacia fuera, empecé a añadir otros rasgos, siempre con líneas suaves e indefinidas. No se parece mucho a Tarantino, pero el tipo de cara era el adecuado y valía la pena seguir enfatizándola.

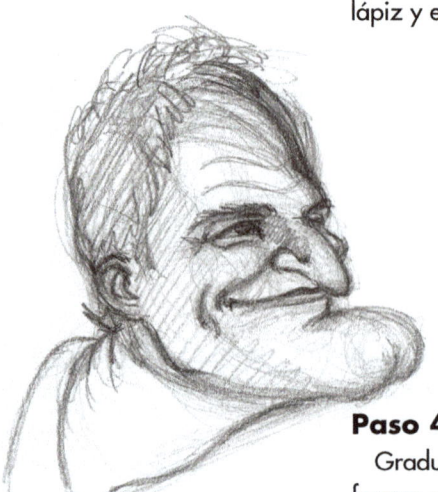

Paso 4

Gradualmente fui trabajando las formas con mayor precisión, exagerando aún más la barbilla y la frente.

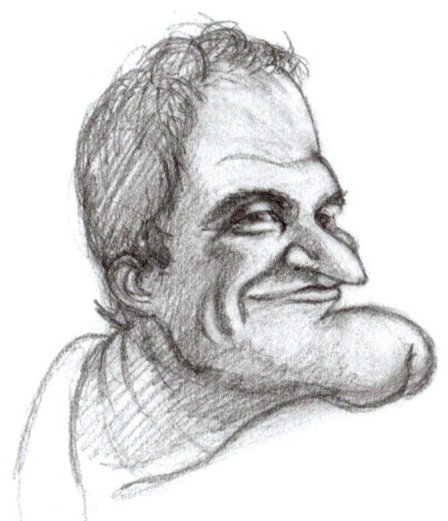

Paso 5

Lo siguiente fue borrar las marcas confusas que había realizado de base. Prestando atención a la fotografía, me propuse trabajar más la semejanza en mi esbozo. Con un lápiz y una goma fui remodelando los rasgos y empecé a incorporar sombras para darle mayor forma a la cara.

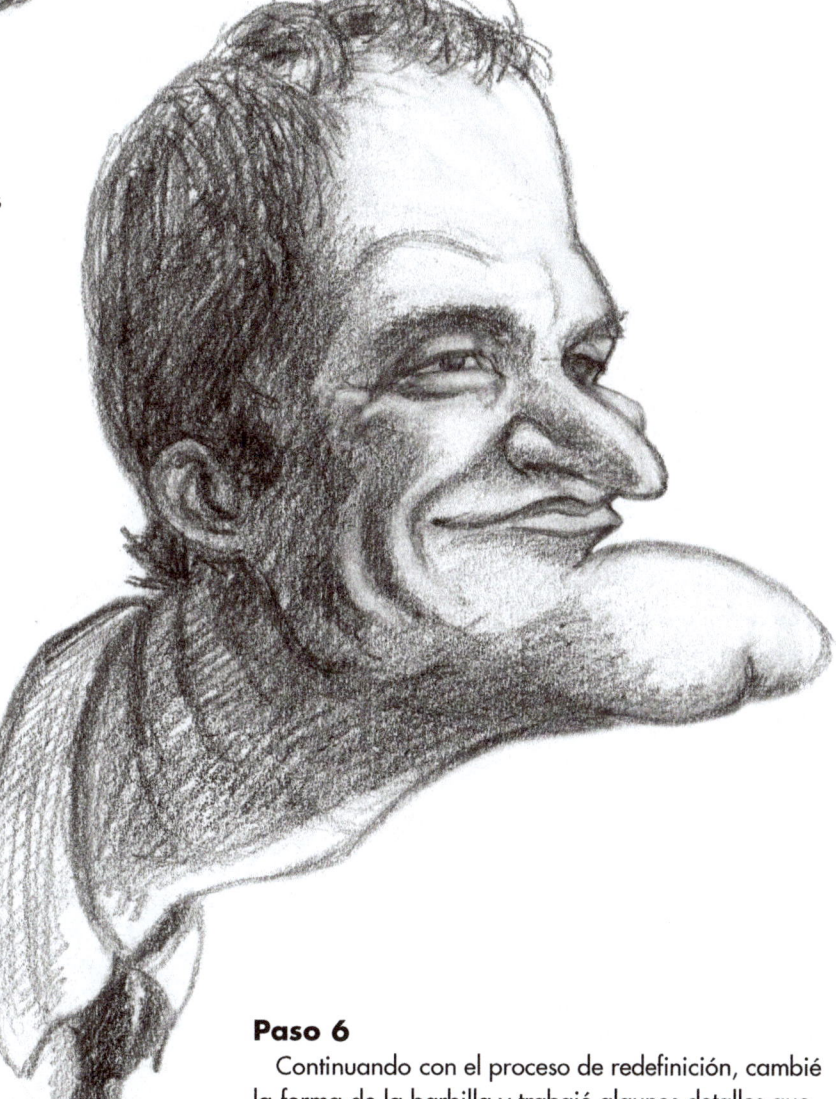

Paso 6

Continuando con el proceso de redefinición, cambié la forma de la barbilla y trabajé algunos detalles que no me acababan de convencer. Para terminar, borré todas las marcas indefinidas y completé el sombreado.

EXPRESIÓN

Redefinir las caras para lograr caricaturas efectivas e incisivas ya resulta una proeza, pero aquí presentamos más posibilidades que pueden explorarse. Utilizar expresiones fáciles en los dibujos puede aportarles mayor personalidad y sentimiento.

Al igual que pueden exagerarse los rasgos fáciles, también pueden exagerarse las expresiones de las caricaturas, más extremas que en la realidad. Las partes más enfáticas de la cara son las cejas y la boca, que son más movibles y flexibles. Los ojos y las mejillas también entran en juego y la pose de la cabeza puede utilizarse para reforzar una expresión.

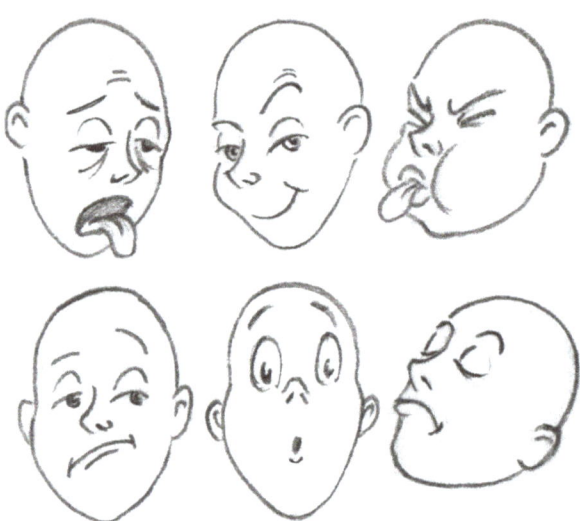

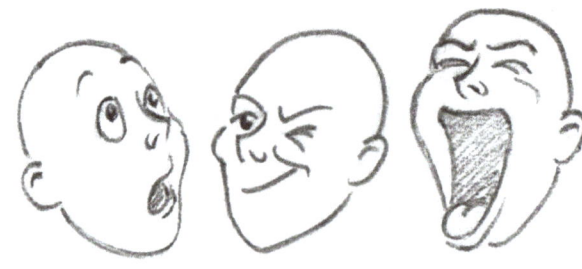

Una buena manera de introducirse en el dibujo de expresiones es olvidarse de la semejanza temporalmente e inventarse algunas caras que muestren distintos sentimientos. Empieza por las emociones más obvias como un grito de rabia y ve avanzando hacia emociones como un disgusto leve o una sonrisa maligna. Te ayudará trabajar enfrente de un espejo e ir imitando las expresiones que ves en tu cara.

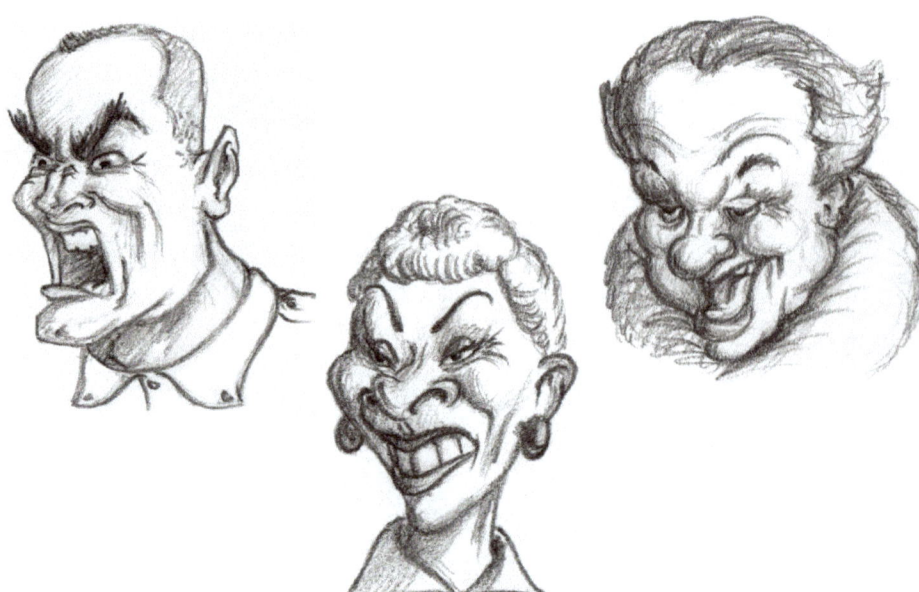

Muchos famosos son conocidos por sus rasgos y personalidades. En esos casos, captar una expresión en concreto no sólo será necesario para lograr una caricatura convincente, sino que también puede ser útil como atajo para lograr el parecido.

Algunas expresiones son muy sutiles. Me costó bastante captar la sonrisa juguetona y fresca de Audrey Toutou que tan bien define el carácter de Amélie. Aquí utilicé un rotulador gris para la parte inferior de la cara y evitar así la dureza de las líneas negras.

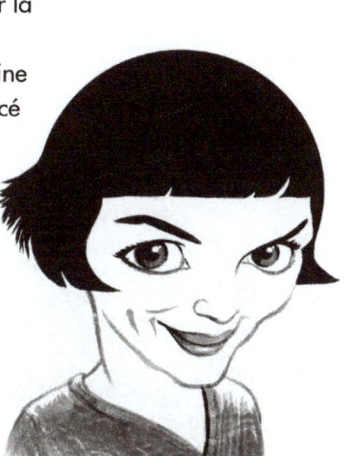

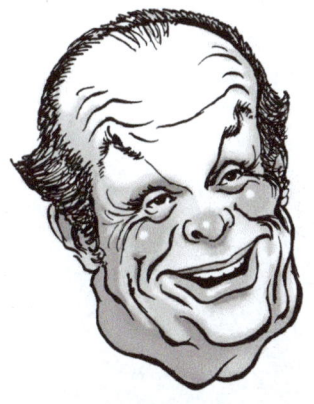

La sonrisa demoníaca de Jack Nicholson y sus libertinos ojos le han conseguido muchos papeles cinematográficos y una buena posición pública. En este estudio, me he centrado en sus numerosas y profundas arrugas y en las líneas de expresión de la carcajada.

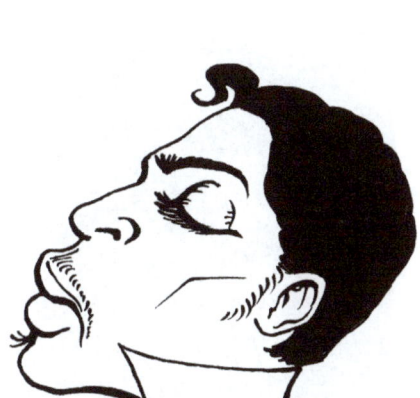

Incluso la falta de expresión puede mostrar personalidad. La cabeza de Prince, echada hacia atrás con los ojos cerrados, le da un aire altivo y distante.

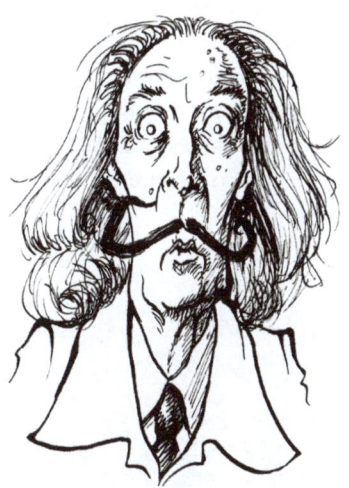

Incluso ya con una avanzada edad era raro ver a Salvador Dalí sin una mirada enloquecida. Con dibujar los ojos atónitos y una falsa cara de seriedad, ya se consigue gran parte del parecido. Las marcas rasposas realizadas con una pluma son ideales para trasmitir su desaliñada apariencia.

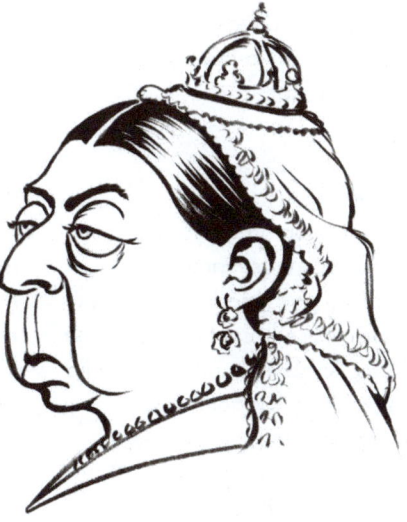

Rígida y seca, la expresión alicaída de la reina Victoria trasmite su personalidad. Los rasgos de su cara languidecen hacia sus grandes carrillos.

CARICATURA DIFUMINADA

Si te gusta hacer caricaturas espontáneas, aquí presentamos otro método que puedes intentar utilizando carboncillo para hacer unas marcas sobre el papel e ir dándole forma al dibujo sobre la marcha. Para esta demostración he trabajado con un papel de un color gris medio que ya aporta cierta dimensión de tono, muy útil para destacar algunos detalles y añadir reflejos.

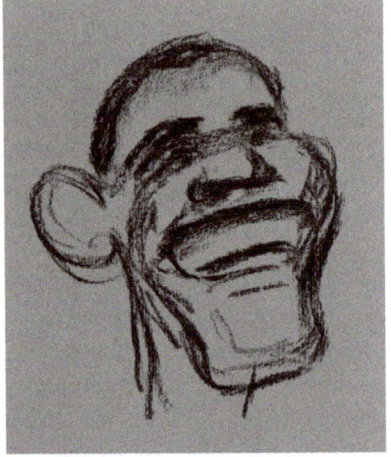

Paso 1

Mirando las fotografías de Barack Obama decidí centrarme en su radiante sonrisa. Con un carboncillo dibujé a grandes rasgos la boca y empecé a trabajar el resto a partir de ahí, dándole forma a la cara y enmarcando la sonrisa.

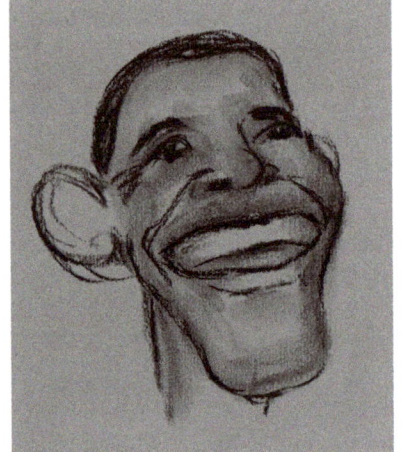

Paso 2

Como el carboncillo es muy inestable, lo difuminé un poco con la yema para crear una buena base de trabajo. Con el carboncillo dibujé algunos de los rasgos, centrándome en la boca y en las líneas de la sonrisa.

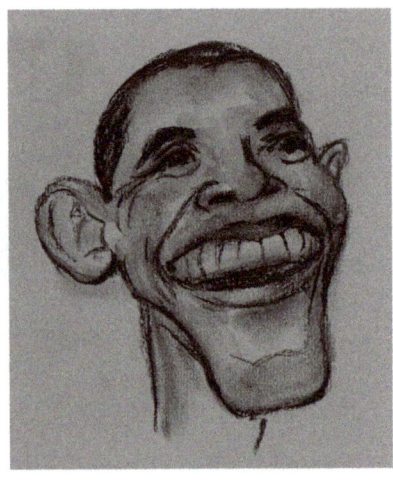

Paso 3

Continuando con el difuminado de las marcas y redibujando, poco a poco llegué a una semejanza razonable. Fui separando más los ojos, ampliando la cabeza y dándole una forma nueva a la mandíbula, siempre en constante referencia a la fotografía de partida. Para equilibrar la gran oreja, tuve que inventarme una pequeña en el otro lado, aunque en la fotografía no se veía.

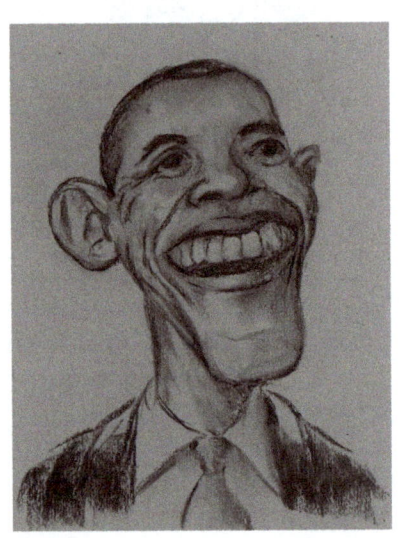

Paso 4

Con una goma blanda, fui borrando algunas marcas de carboncillo para modelar los rasgos y las arrugas e ir captando el juego de luces. También le añadí el cuello de la camisa y los hombros. Después eché laca de pelo en el dibujo para evitar que el carboncillo se difuminase más.

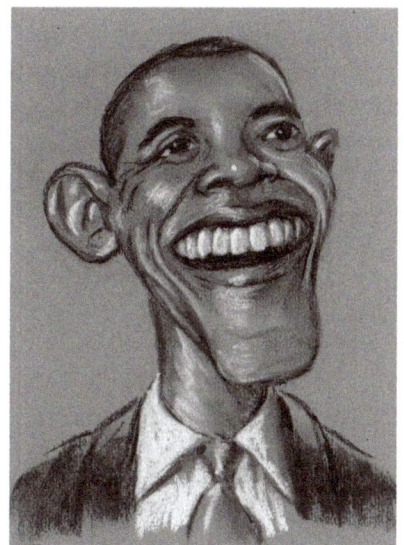

Paso 5

Ahora llega la parte más divertida: puesto que trabajé con papel gris, utilizar un poco de tiza blanca aquí y allá, un poco difuminada, aportó enseguida brillo y reflejos a todo el dibujo, resaltándolo mucho más.

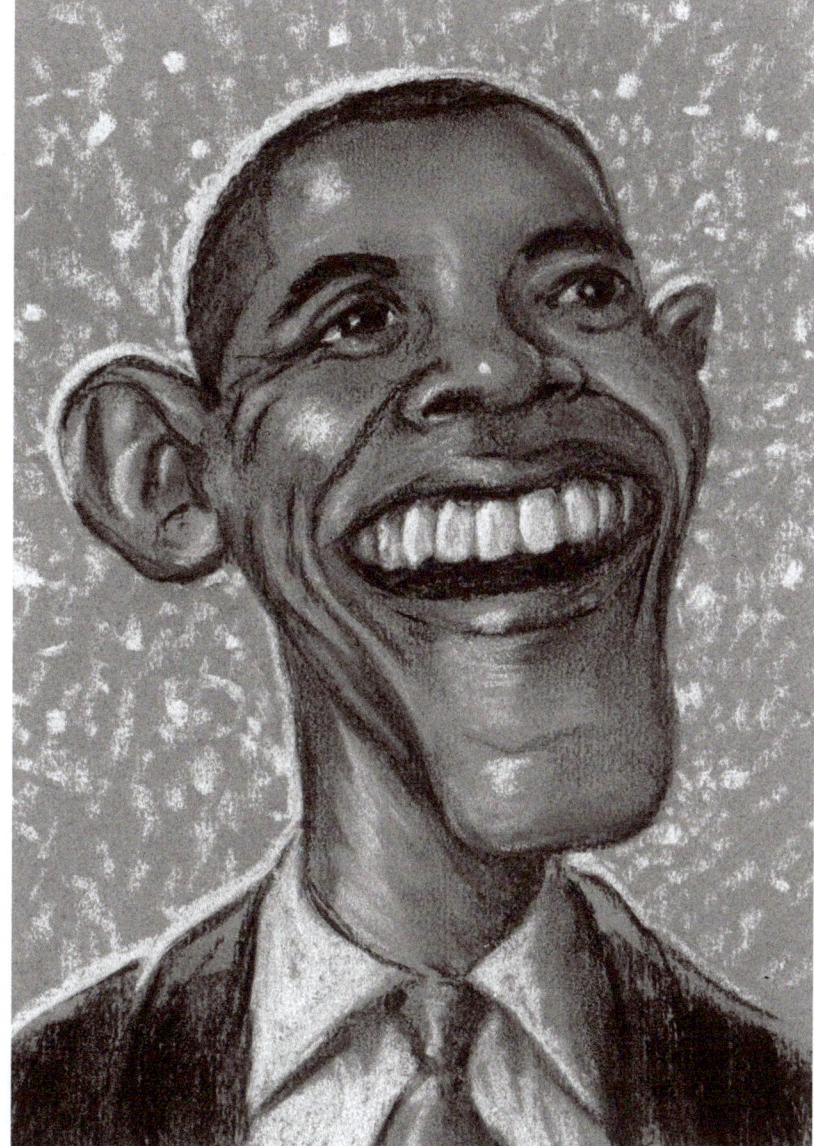

UN TRUCO ÚTIL

Por extraño que parezca, si imitas la expresión del modelo en tu propia cara mientras dibujas, captas la expresión con mayor sinceridad.

Paso 6

Para darle un toque de mayor acabado, le añadí un halo de brillo al contorno y también textura al fondo. También hice unos ajustes finales en la cara con tiza y carboncillo y volví a echar laca para protegerlo.

PRESENTACIÓN

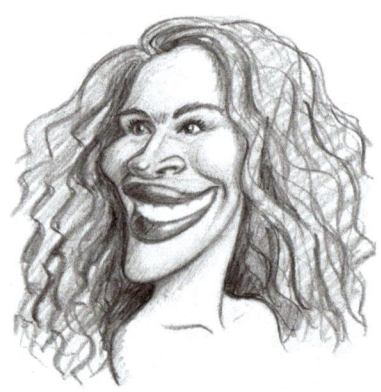

Siguiendo el tratamiento de carboncillo y tiza de Barack Obama, vamos a investigar más sobre los métodos para presentar los dibujos y darles un toque de carne y hueso. Hemos visto cómo puede utilizarse la tinta para crear una forma sólida en vez de meros contornos. Otros materiales y técnicas presentan posibilidades más sutiles y diferentes grados de acabado.

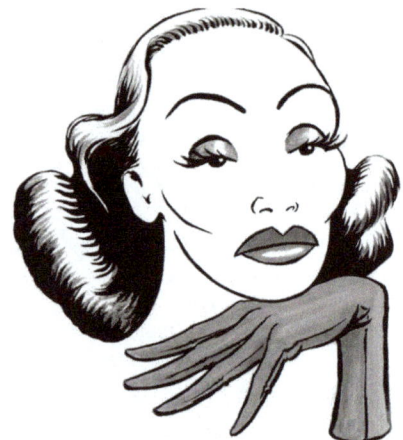

A veces las marcas sólidas o sutiles de lápiz pueden considerarse ya un trabajo artístico acabado, como en esta caricatura de Julia Roberts. Por lo general es buena idea intentar evitar las sombras en exceso en el dibujo, dejando bastante parte en color blanco. Incluso si se quiere un tratamiento vigoroso, hay que incluir brillos e iluminación.

Aumentar un dibujo plano con un único tono de gris puede ser efectivo para acentuar zonas o permitir graduaciones sutiles. Aquí he utilizado un rotulador barato para captar el maquillaje distintivo de Marlene Dietrich, dándole ese tono inconfundible.

Los ordenadores cada vez se emplean más en el ámbito de la ilustración. En manos expertas pueden producir resultados asombrosos, pero los fundamentos pueden aprenderse rápido. Aquí he escaneado este dibujo hecho con pincel de Andrew Lloyd-Webber utilizando las herramientas de pincel de Adobe Photoshop para añadir tonos sencillos en una capa separada, debajo del dibujo principal.

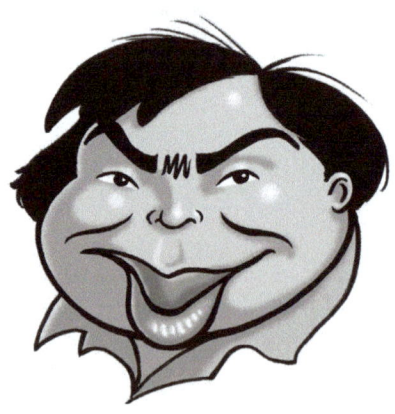

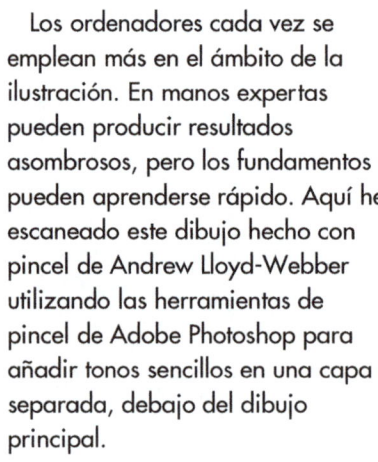

Las acuarelas, o la tinta diluida, nos permiten crear tonos en capas. He pintado este retrato de John Travolta sobre papel de acuarela con textura, lo que permite un acabado rugoso y suficientemente firme como para que no se arrugue con la pintura húmeda. Asegúrate de que cualquier tinta que añadas sea permanente. Un pincel blando y medio (n.º6) será adecuado para casi cualquier tipo de dibujo. Cuando se seque, añade la iluminación con tinta blanca.

El siguiente ejemplo es una caricatura del actor Hugh Grant que demuestra las fases típicas que suelen utilizarse para realizar los acabados en la mayoría de las medios profesionales. Aquí he utilizado ya rotuladores profesionales, que son muy caros, pero si se quiere realizar un trabajo en blanco y negro sólo se necesitan dos o tres sombras de gris.

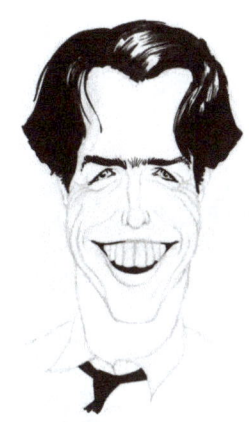

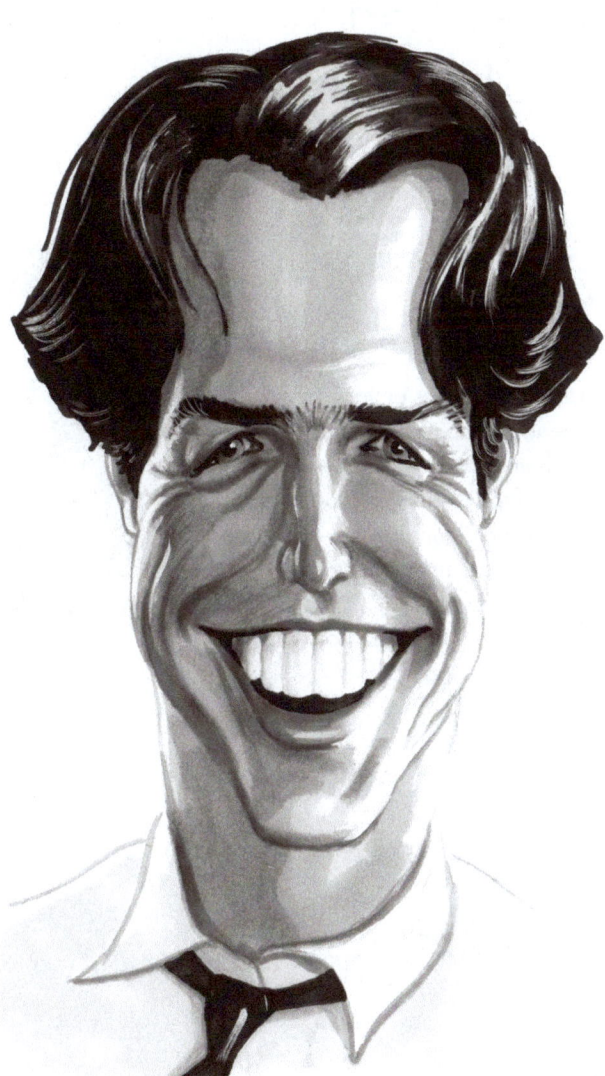

Paso 1

Empecé con un contorno sencillo y pintado ligeramente, en este caso empecé a pintar a partir de un esbozo. Utilicé un rotulador negro sólo para las partes más oscuras. Mis rotuladores tienen dos puntas, una fina y la otra más ancha en forma de cincel, y les saco buen partido a las dos.

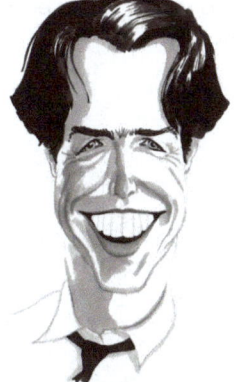

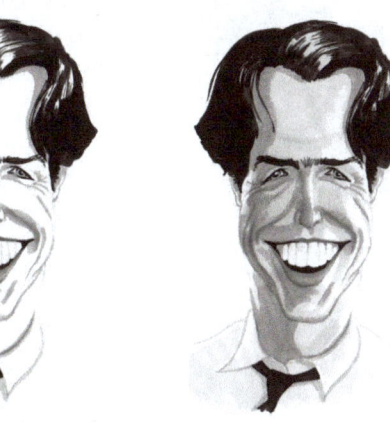

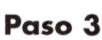

Paso 2

Con la punta fina de un marcador en tono gris medio, dibujé las arrugas y las líneas de expresión de la boca. Después, utilicé el cincel para cubrir las principales zonas de sombra. Utilizando el mismo rotulador en lugares selectivos, profundicé más el tono.

Paso 3

Cambiando de rotulador a uno gris pálido, trabajé con amplios trazos para cubrir toda la cara, excepto las zonas que quería dejar en blanco. Trabajar con los tonos ya establecidos ayuda a que se vayan fundiendo entre sí.

Paso 4

Continué con el color gris pálido, creando más tonos y fundiéndolos entre sí. Utilicé el tono medio de nuevo para remarcar algunas líneas y profundizar en algunas sombras. Después, con cuidado, introduje algunos reflejos brillantes con tinta blanca. Así se resaltaban algunos elementos que me interesaban: la flexibilidad del pelo y las líneas de expresión entorno a la sonrisa, muy marcadas.

ANTROPOMORFISMO

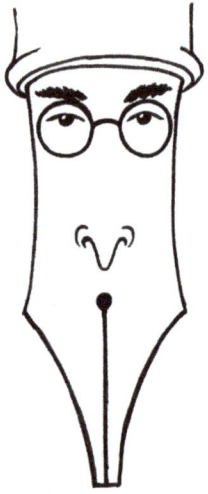

En el canon de los dibujos animados, es muy común que se les confiera a objetos y animales inteligencia humana, expresiones o características físicas también de los humanos. En las caricaturas funciona más bien al revés.

Una tradición es pintar caras humanas en objetos inanimados con fines humorísticos o satíricos. Este recurso funciona mejor cuando el objeto tiene alguna de las características físicas del sujeto como la cara estrecha y angular de John Lennon o la cabeza con forma de huevo de Napoleón.

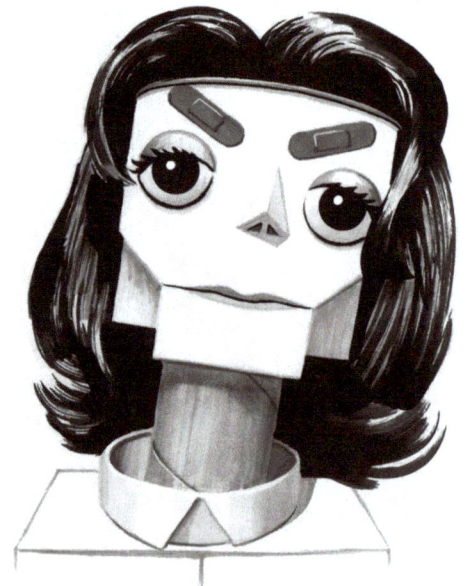

Aquí la caricatura está formada por varios objetos juntos. He dibujado a Michael Jackson para que pareciese una marioneta formada con cartón y cajas y una peluca en lo alto.

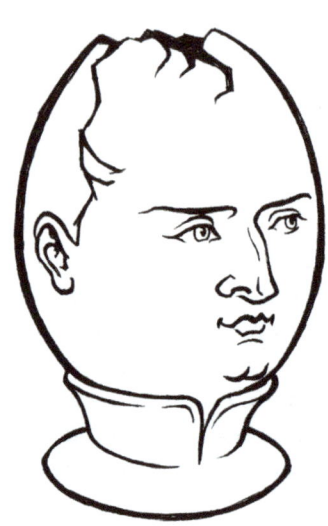

En este ejemplo toda la cabeza de Johnny Rotten ha sido traspasada a la hucha de cerdito. La semejanza es bastante clara excepto al añadirle los colmillos y el hocico. Sus gruñidos enfatizan el contraste con un objeto normalmente benigno.

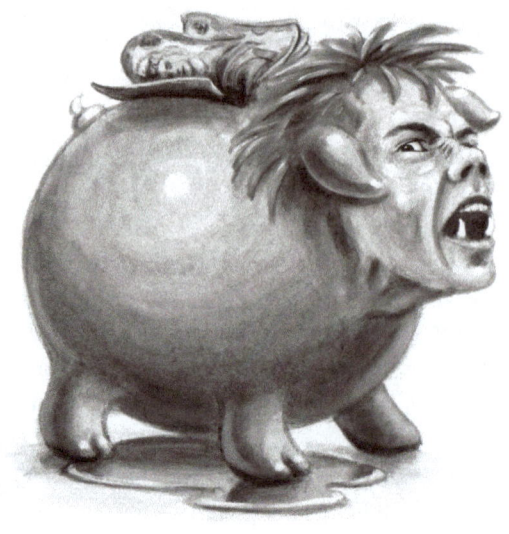

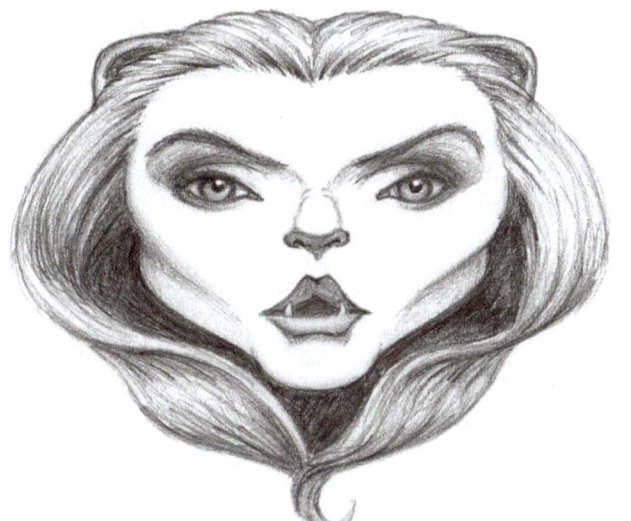

La cara ancha de Debbie Harry me pareció la de un león o un gato. Al dibujarla con rasgos felinos intenté mantener su belleza humana y crear una fusión entre ambas especies.

A nadie podría pasarle por alto el parecido entre Winston Churchill y un bulldog. Los únicos rasgos caninos son el collar y las orejas y aún así tiene un aspecto inconfundible de perro. Intenté captar una apropiada expresión de hastío.

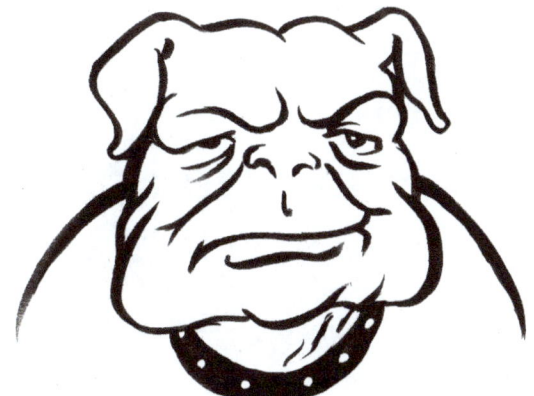

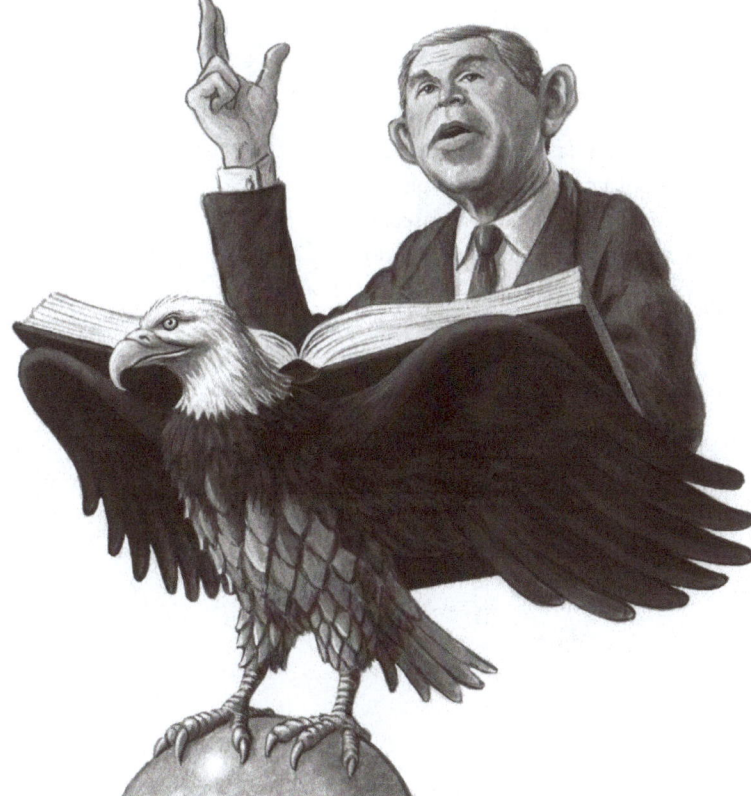

No hay elementos animales en esta caricatura de George W. Bush, pero las proporciones de la cabeza están diseñadas para atraer la atención a sus características de chimpancé. Los hombros estrechos y los brazos alargados también tienen proporciones simias.

CUERPOS

Diseñar cuerpos para las caricaturas no solo refuerza la caracterización, sino que además los muestra en acción. Lo primero que hay que considerar es la forma que adoptará el cuerpo. Hay algunas convenciones en los dibujos animados y cómics para sugerir personalidad según el tipo de cuerpo. También es muy importante el tipo de pose y el movimiento que se elija.

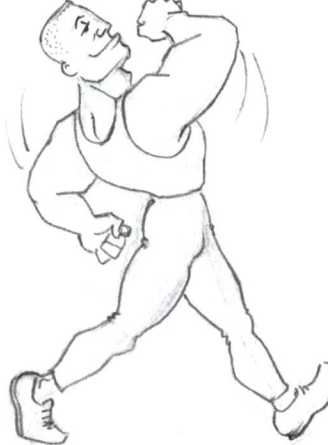

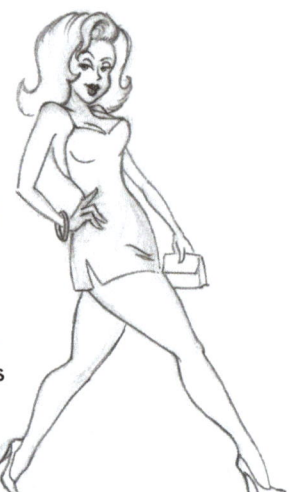

Se trata de tipos seguros de sí mismos en el momento álgido de la vida. Sus elementos masculinos y femeninos quedan enfatizados y dan zancadas para demostrar su autoestima.

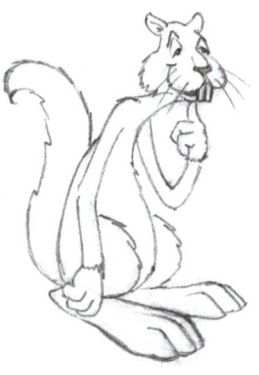

Aquí vemos la inocencia y la falta de conciencia del mundo. En la caricatura estas cualidades no tienen por qué quedar limitadas a los niños.

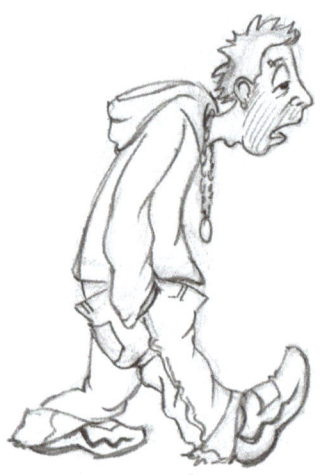

Con hombros redondeados y unos pasos arrastrando los pies, se muestra a los machacados y desencantados de la vida.

Los animales también pueden caracterizarse sobre dos pies. Aquí la ardilla, normalmente ágil, se transforma gracias a la forma del cuerpo en un personaje aletargado.

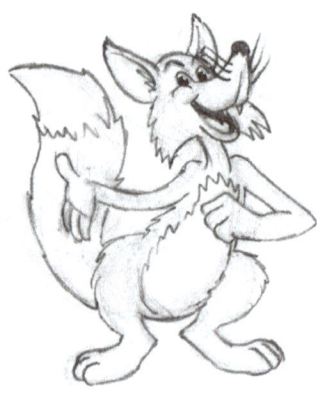

Así mostramos a un tipo rápido e ingenioso, en este caso un zorro, pero aplicable sin duda a otras muchas caricaturas.

DIBUJAR CUERPOS

Para demostrar las etapas básicas del dibujo del cuerpo, he elegido a una bella joven delgada y con proporciones bastante naturales.

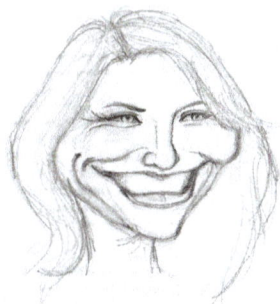

Tras decantarme por Cameron Diaz, hice un rápido esbozo de la cara, estableciendo la caricatura y dejando que su expresión sugiriese la pose.

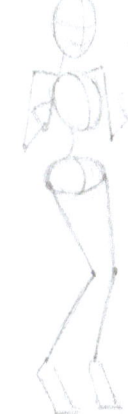

Paso 1

Empezando por un esqueleto sencillo compuesto por óvalos y palos creé la pose y pude comprobar que todo estaba en proporción antes de ponerme manos a la obra con los detalles.

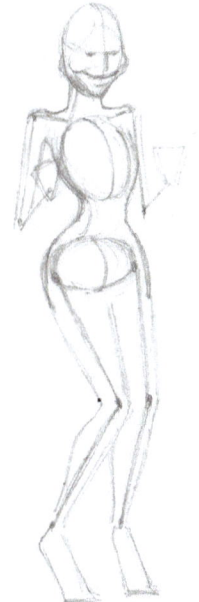

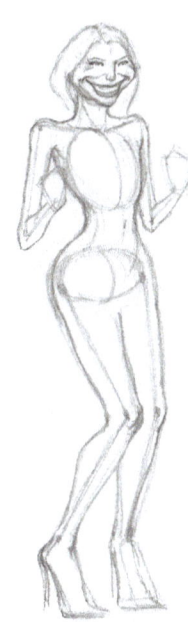

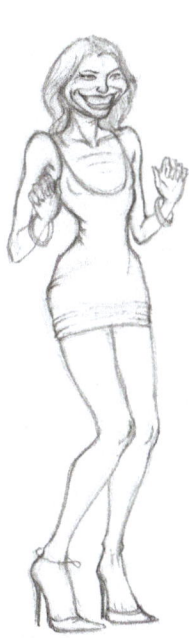

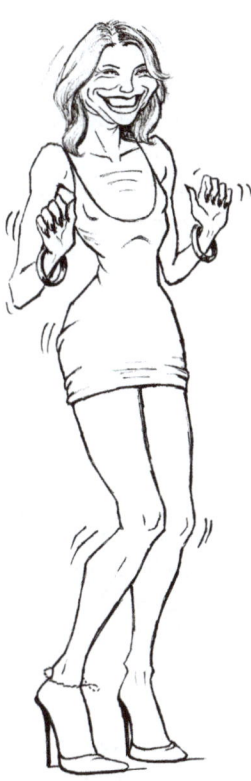

Paso 2

Después coloqué la carne alrededor de los huesos en las zonas principales. La figura resultaba delgada, siguiendo claramente la forma del esqueleto, por lo que un cuerpo más robusto requería sin duda más músculo y grasa.

Paso 3

Poco a poco fui redefiniendo las curvas y los contornos prestando especial atención a las articulaciones. Antes de proseguir, esbocé la cara basándome en mi dibujo anterior.

Paso 4

Después de borrar las líneas que me habían servido de guía, trabajé los detalles, añadiendo las manos, los pies, la ropa y los accesorios, intentando aportar su personalidad en todo. También mejoré el dibujo de la cabeza.

Paso 5

Para plasmar esa personalidad nerviosa y emocionada, además de risueña, repasé el dibujo con un puntafina, utilizando marcas angulares. Tuve cuidado con la cara ya que el espacio es muy pequeño.

CUERPOS: ACCIÓN Y EXPRESIÓN

Al diseñar los cuerpos de caricaturas, tenemos que pensar que se trata de oportunidades para llenar el dibujo de personalidad e ingenio. Todos y cada uno de los elementos tienen que meditarse: la constitución, la pose, la ropa, los accesorios y un largo etcétera. La acción y la expresión también juegan un papel importante.

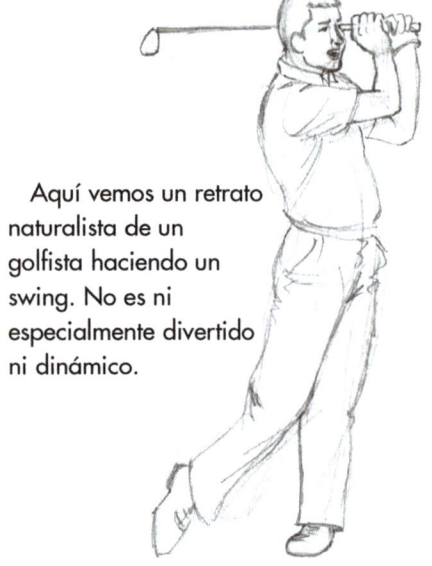

Aquí vemos un retrato naturalista de un golfista haciendo un swing. No es ni especialmente divertido ni dinámico.

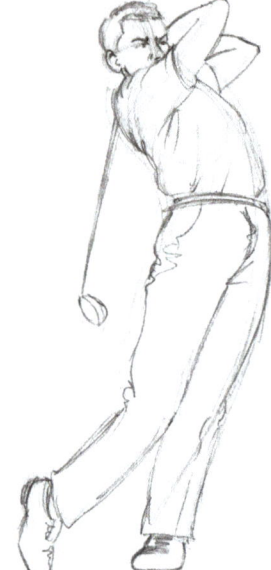

Exagerando la acción, el swing excede el arco natural, pareciendo extraño y divertido, sobre todo en combinación con la expresión seria del golfista.

El efecto cómico de la pose puede resaltarse gracias al cuerpo. En este caso le he puesto una barriga cervecera, piernas cortas y delgadas y le he puesto unos pantalones demasiado apretados. Unos cuantos trazos con lápiz en las partes en movimiento de la figura resaltan el esfuerzo.

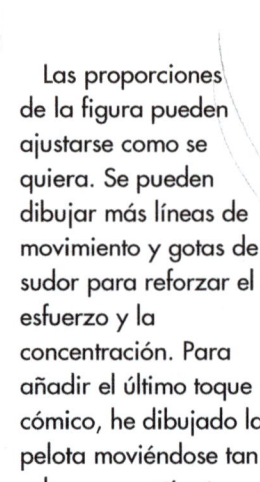

Las proporciones de la figura pueden ajustarse como se quiera. Se pueden dibujar más líneas de movimiento y gotas de sudor para reforzar el esfuerzo y la concentración. Para añadir el último toque cómico, he dibujado la pelota moviéndose tan solo unos centímetros.

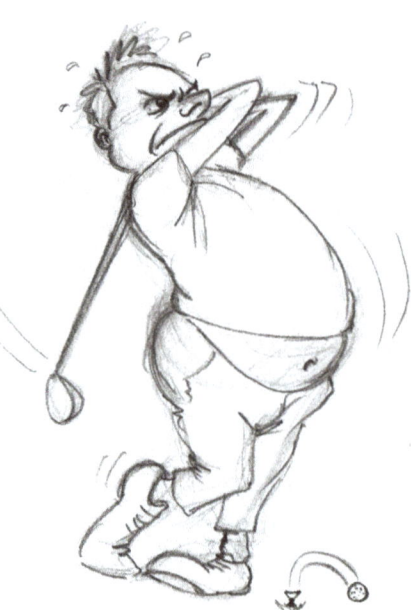

A juzgar por su cara, este tipo está molesto por algo. Su expresión tiene menos fuerza quizás porque no está respaldada por su postura. Hemos perdido una gran oportunidad.

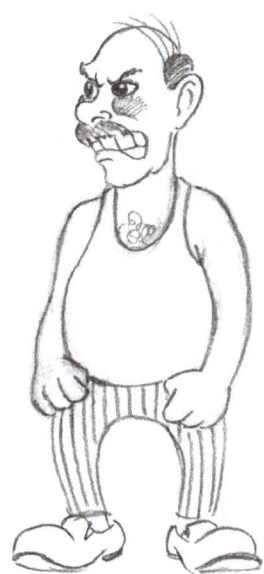

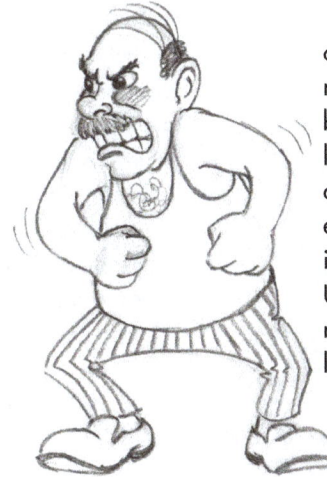

Aquí tenemos la misma cara sobre un cuerpo más animado. Con los brazos y los hombros levantados y las piernas abiertas ha cambiado la expresión de insatisfacción a furia. Unas cuantas líneas de movimiento ayudan a lograr el efecto deseado.

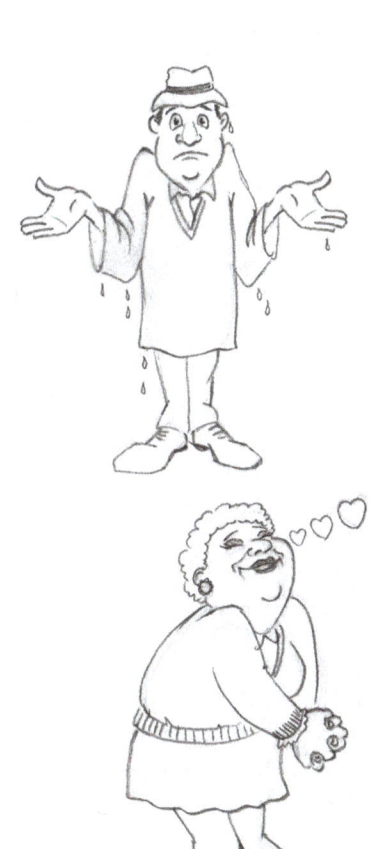

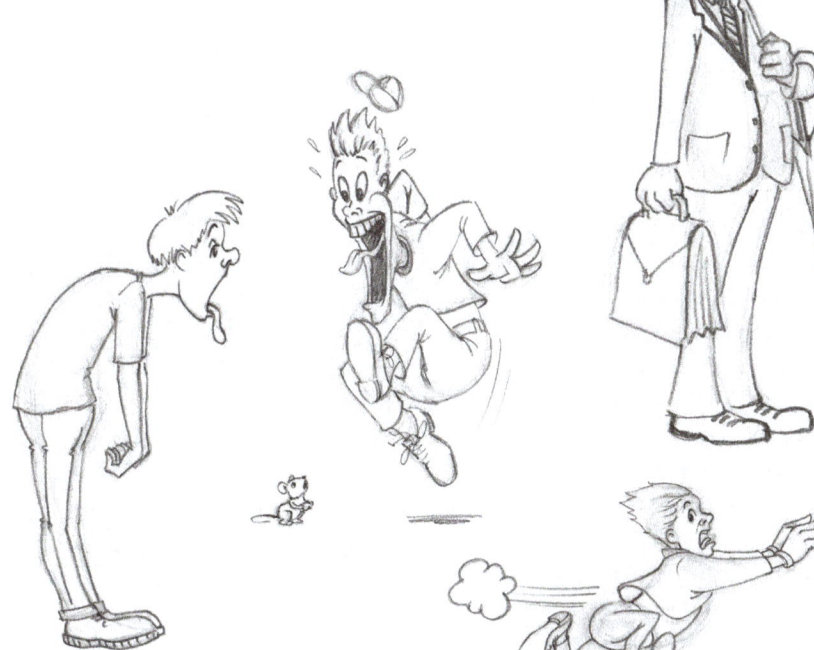

En cada uno de estos ejemplos, el cuerpo, gracias a su postura, gestos o acción, respalda el sentimiento o la actitud que muestra el personaje.

Efectos como agua goteando o corazones nos aportan dramatismo, elementos narrativos o transmiten información extra. Se puede comunicar mucho gracias al sencillo lenguaje visual de los cómics.

CARICATURA DE CUERPO ENTERO

Cuando hay un personaje estrechamente asociado con una acción, pose o tipo de ropa determinado, la caricatura del cuerpo se convierte en un centro de atención para el espectador, como ocurre con el desgarbado «andar de pato» de Chuck Berry y sus trajes anchos.

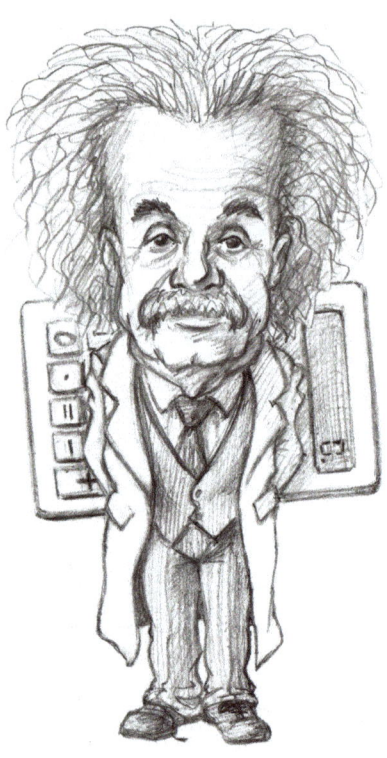

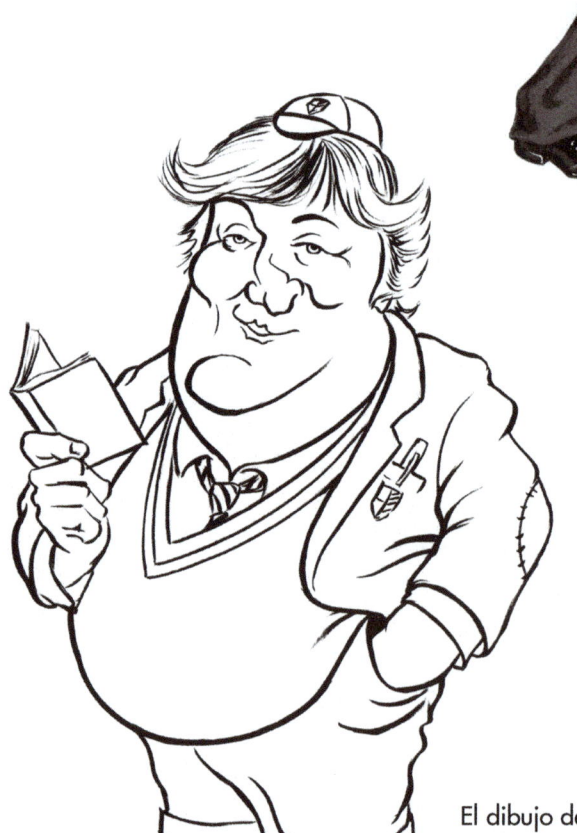

Es una convención bastante aceptada dibujar los cuerpos de las caricaturas con un tamaño más pequeño del que correspondería. Si consideramos que gran parte del esfuerzo y el trabajo del dibujo reside en la cara, tiene sentido que el cuerpo sea más pequeño. A menudo las cabezas se presentan con un tamaño exagerado, más grandes incluso que la cabeza de Albert Einstein de mi dibujo. La escala de proporciones también puede alterarse en gran medida por propósitos de claridad o para resaltar algún aspecto.

El dibujo del cuerpo puede emplearse para resaltar la personalidad del sujeto. Aquí no sólo vemos la constitución rellena de Stephen Fry, sino que también nos sugiere que tiene un carácter de niño travieso.

Puede resultar divertido trastocar las expectativas con actividades, accesorios, constituciones corporales y demás elementos. Para esta visión de Cher relajándose entre giras, me imaginé que había dejado de lado su estricta rutina de ejercicio. El entorno mundano de un sofá también parece totalmente fuera de lugar con el personaje.

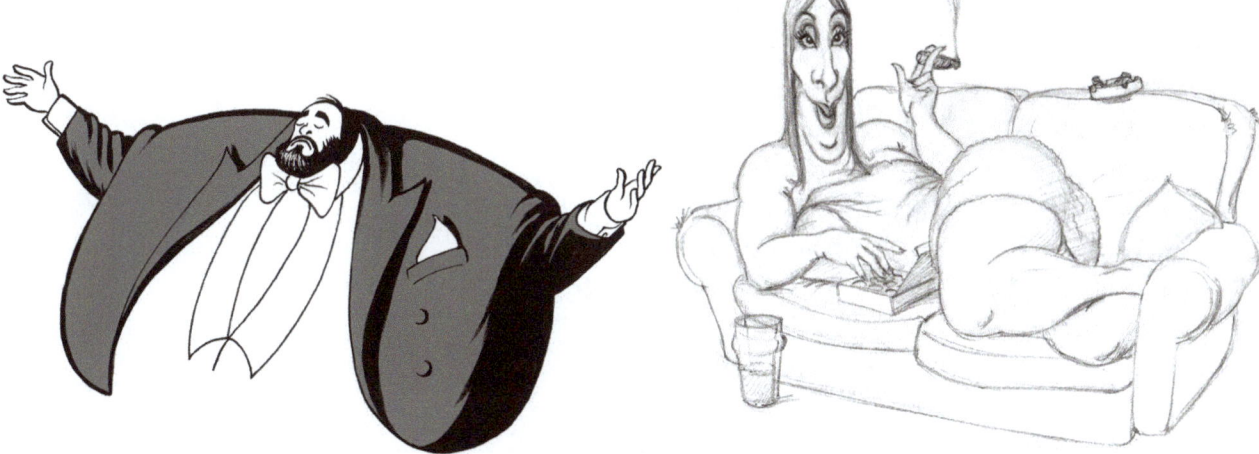

Una constitución extrema puede aprovecharse muy bien en las caricaturas. Con esa panza enorme, visible incluso vestido, y siendo el centro de atención de los fotos, casi no tenemos ni que mirarle a la cara para ver que se trata de Pavarotti.

Incluir partes del cuerpo aumenta mucho las oportunidades de transmitir información o hacer broma, lo mismo que ocurre al incluir un fondo. Aquí la constitución corporal, la ropa y los accesorios de Johnny Cash y Bob Dylan trasmiten sin duda sus diferencias, pero, aún así, quedan unificados por el fondo y por sus poses, que parece que se reflejan.

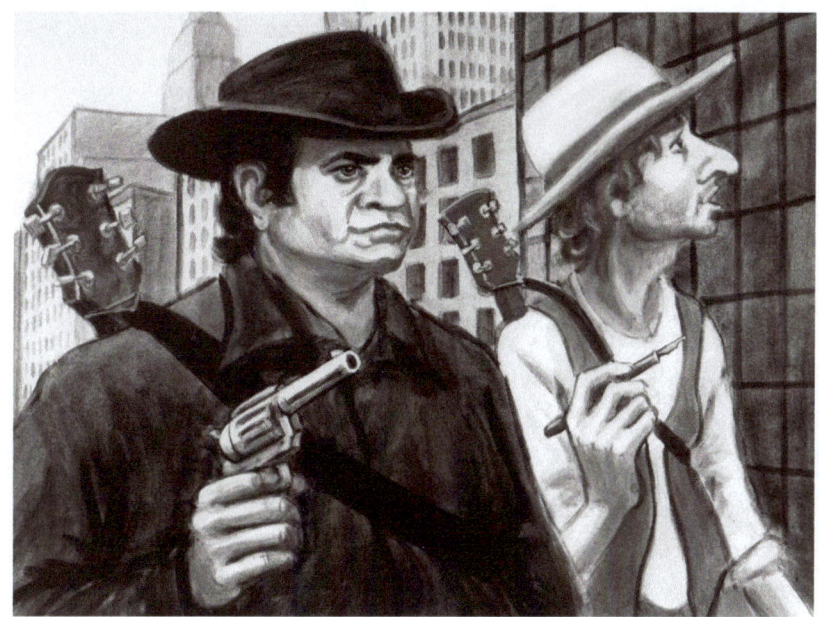

ÍNDICE ALFABÉTICO